基金项目名称：英汉结果句式认知语法之对比研究(14BYY008)

国 | 研 | 文 | 库

英汉结果句式
认知语法之对比研究

席留生 —————— 著

光明日报出版社

图书在版编目（CIP）数据

英汉结果句式认知语法之对比研究 / 席留生著. --

北京：光明日报出版社，2021.6

ISBN 978-7-5194-6150-8

Ⅰ.①英… Ⅱ.①席… Ⅲ.①句法—对比研究—英、

汉 Ⅳ.①H146.3②H314.3

中国版本图书馆 CIP 数据核字（2021）第 105970 号

英汉结果句式认知语法之对比研究
YINGHAN JIEGUO JUSHI RENZHI YUFA ZHI DUIBI YANJIU

著　　者：席留生

责任编辑：朱　宁　　　　　　　责任校对：李　兵

封面设计：中联华文　　　　　　责任印制：曹　净

出版发行：光明日报出版社

地　　址：北京市西城区永安路 106 号，100050

电　　话：010 - 63169890（咨询），63131930（邮购）

传　　真：010 - 63131930

网　　址：http：//book. gmw. cn

E - mail：zhuning@ gmw. cn

法律顾问：北京德恒律师事务所龚柳方律师

印　　刷：三河市华东印刷有限公司

装　　订：三河市华东印刷有限公司

本书如有破损、缺页、装订错误，请与本社联系调换，电话：010 - 63131930

开　　本：170mm×240mm

字　　数：222 千字　　　　　　印　　张：16

版　　次：2021 年 6 月第 1 版　　印　　次：2021 年 6 月第 1 次印刷

书　　号：ISBN 978 - 7 - 5194 - 6150 - 8

定　　价：95.00 元

序

席君大作《英汉结果句式认知语法之对比研究》，自述发现有三。其首为"复杂中心象征模型"（见本书第三章第三节），为英汉结果句式之对比研究提供统一的分析和描写框架。姑识解于后：

"模型"为这个框架的核心词，直指认知语法的使用模型。其贴身修饰词"象征"，径指认知语法的象征观。细述之，英汉结果句式之结构为因果事件独特之现象化表征，且此象征模型带有一个"复杂中心"。"复杂中心"何指？该框架以动词复杂体（V – COMPLEX）为突出特征和关键成分——"复杂体"与"复杂中心"就此关联起来。再详之，动词复杂体即指"动词加结果短语［V... R］"，如 to paint... green，以及"炸焦"［VR］。

倘到此仍不详知该模型，且看作者又加了四个观点：

第一，英汉结果句式是因果事件（如因 paint 而 green，因"炸"而致"焦"）独特的象征化表征。音系结构象征语义结构；不同结构象征不同的意义。其语义内容包括原因（如 paint 与"炸"）和结果事件（如 green 和"焦"），以及复杂事件结构，结果句式是对这种复杂事件结构识解结果的象征。总而言之，结果句式是对包含因果事件的复杂事件的组织和象征化。

第二，结果句式都是象征结构，中心成分是动词和结果短语（如 paint ... green；炸焦了）。动词复杂体在此书中不叫"动补成分"，作者深意另有，按下不提。该动词复杂体是结果句式的句子中心，作者紧接着给出证据三个，此不再赘述。

第三，结果句式所编码的类型是由某些认知域构成的概念内容的集中体现。

第四，英汉结果句式之结构异同源自语义合成机制的异同。

我之感觉，此模型足可统一分析和描写英汉结果句式之对比研究。

窃以为，全书思路清晰，例证丰足。以最负盛名的例句 Pat sneezed the napkin off the table 引头，行文一气贯通，引人入胜，使读者饶有趣味。

席君文言文功底甚厚，故全书现代汉语表述至精至简，无泥水拖带，更无膨篇胀幅之嫌；见识不凡，说理深透；文风质朴，不浮非躁；全书虽非皇皇，却堪称精深。

为此，切盼席君旋续原创之作，以飨后人，该是有理有据之盼也。

斯为序。

钱冠连

2021.1.9

于白云山下

目 录
CONTENTS

第一章

引　论

本引论交代这项研究的缘起、目标、语料来源和类别、研究方法以及文本结构的安排。

第一节　缘　起

本节从讨论因果关系与结果句式的关系出发，论证认知语法的象征观作为理论视角对于英汉结果句式对比的适切性。

一、因果关系与结果句式

因果关系是世间的一种基本关系，也是一种普遍的关系，广布于宇宙社会人生的方方面面。空间关系以其具象可感的特性，率先成为人类在自己的认知系统中建立起来的基本关系；空间有前后，时间亦有先后，于是，时间关系成为空间关系的自然扩展。事件的出现、发生都有其环境，而环境，无非就是空间和时间的结合体。事件的更迭、交替，无不以因果关系呈现于世。原因总是在结果之前，结果总是在原因之后，因果过程同时出现在一定的或者变换的空间里面，所谓的因果关系，只不过是时空环境里的各种变化而已。随着时间的推移、空间的转换，因果事件中的参加者呈现出各种各样的变化，变化本身构成了各种结果的实例，各种结果构成这个世界寓变于常又寓常于变的形形色色之存在。

在我们所处的世界之中，我们目见耳闻的各种事物，又有哪一种是无端而来，无端而在？大到天空大地，小到微小粒子，中到耳目所及之物，没有一种不是不同的结果性存在，背后都有一系列的偶然的和必然的原因。作为一个语言工作者，在面对一个单词的时候，我常常在想，一个小小的单词就很复杂，就很神秘，就很丰富。它是个符号单位，有形有义；它的意义是抽象的，在词典里可以找到它的概念意义；它的意义又不是单一的，多种意义构成了语义网络；它的意义又是在变化的，原来的意义有的也许已经不复使用，新的意义在产生，好像一片树林，在生长，也在淘汰。而这一切，都是不同的结果，而在这些结果的背后是一系列的故事构成的原因。单词如此，句子也是如此；语言如此，其他存在也是如此。这个世界是一个有故事的世界，这些故事不是一目了然的，而是需要我们去寻找，寻找故事的过程构成了人类对未知的探索历程。寻找背后的故事，把它们讲出来，是科学研究的使命。

人类对于未知领域的探索，无非要寻找三个问题的答案，一曰是什么，二曰怎么样，三曰为什么。人类好奇的天性，使得他们在知道了是什么之后，还想知道怎么样；知道了怎么样之后，还想知道为什么。科学研究，说到底，不过是寻找因果关系的活动而已。

正是出于以上原因，笔者对语言中表达因果关系的句式产生了由衷的好奇和兴趣。每种语言都有它特有的表达因果关系的资源和手段。由于因果关系的复杂性和语言的复杂性，从跨语言的视角来看，各种语言都有其表达因果关系的资源和手段，从一种语言内部看，对于每一种语言来说，一般来说都不会只存在一种表达因果关系的方式，而对于历史悠久、系统丰富的语言，一定有着丰富的资源和手段来表达因果关系，英语和汉语就是这样的两种语言。

在英语中，我们可以用带有结果状语从句的复杂句来表示因果关系（He was so weak that he could hardly stand up），可以用单纯的致使结构表达因果关系（Paul made that boy throw a pebble），用手段使得目的实现表达因果关系（The poor parents persuaded their stubborn child to work finally），用 Goldberg（1995）称为结果句式的结构来表达（He kissed her unconscious）和被称为使动句式的结构来表达（They loaded hay onto the wagon），可以用及物句来表达（John kicked the ball into the kitchen），可以用不及物的（The lake froze solid）、有规约性强的表达（Mary put a book on the top shelf），可以用显得非常规甚至有点古怪的表达式（Tom sneezed the tissue off the table），等等。

汉语中表达因果关系的方法手段可能更为丰富多样，我们可以用主动宾句（何校长推开了办公室的门），可以用"把"字句（妈妈把锅碗刷好了），可以用受事主语句（土豆烤熟了），可以用拷贝句（老王喝酒喝醉了）；结果的表达可以是状态的变化（衣服洗干净了），可以是位置的变化（把他喊出来了），可以是数量的变化（看了几遍《红楼梦》）（施春宏，2006：68）；当然，也有及物（如上）和非及物的区别（悄悄地就溜出去了）；等等。

综上，本研究选取英汉结果句式作为研究对象，主要是来自三方面的事实：第一，因果关系是一种基本的普遍的关系；第二，语言系统中表达因果关系的资源很丰富；第三，作为历史悠久、发展较为成熟的语言，英语和汉语表达因果关系的资源非常丰富，手段相当多样。汉语是我们的母语，英语是我们熟悉的外语。选取两种语言中的结果句式进行比较，发现二者的相同点和相异点，并从认知语法的视角做出解读，有望取得有价值的发现，并由致知通达致用。

下面，我们扼要梳理一下认知语法的象征观，阐明其作为一种理论视角对于跨语言句式对比的适切性。

二、语法象征观和句式对比

认知语法（Cognitive Grammar）是认知语言学的主要流派之一，由美国加州大学圣地亚哥分校语言学系的 Langacker 所创，滥觞于 1976 年（时称空间语法），1982 年问世，思想体系主要分布于 Langacker（1986；1987a，b；1990；1991；1993a，b；1998；1999；2008；2010；2013；2017）等。①

认知语法与各种版本的构式语法都是认知取向的（Fillmore，1988；Fillmore and Kay，etc，1988；Kay and Fillmore，1999；Goldberg，1995；2006；Croft，2001；等等），另一方面，认知语法和其他构式语法都是以构式为语言分析的主要单位，在这个意义上说，认知语法不仅是认知语言学的一个流派，同时也是构式语法的一个分支。（Croft and Cruse，2004：257－290）认知语法与其他认知语言学流派（包括构式语法诸分支）的一个本质区别：语法在本质上具有象征性（Langacker，2008：5）。②

语法象征性的含义至少有以下四方面的含义。

第一，语法结构是语义结构与音系结构的配对体，后者象征前者。一个语法结构是一个语义结构的象征化。一个象征符号，例如 tree（树），即可被视为一个音系结构。（比较 Saussure，2003：65－67）因为语法关注的是这样的简单成分如何结合构成复杂的结构，所以，语法主要表征为象征结构的组配体（assemblies），或为复杂的具体表达式，或为具体表达式抽象化的形式（patterns）。词库、词法和句法构成一个连续体（continuum），以语法作为涵盖性术语（umbrella term）。语言中的所有结构体都通过象征关系来刻画，因为它们都是象征结构。那么，由象征结构构成的语法在人们头脑中是一种什么状态呢？

---

① 参照 Langacker 本人的指称习惯，为了方便起见，Langacker 1987a；1990；1991；1999 在下面可分别简称 FCG1，CIS，FCG2 和 GC。

② 构式语法的各个变体都被认为具有象征性，但认知语法的象征性与它们不同。这种不同主要表现在象征关系中形式的身份差别。其他构式语法的形式不仅包括了音系特征，而且还包含了句法和词法特征，而认知语法中的形式指的是音系结构。不过，这里的音系结构是泛化的，同时包含了别的象征媒介，如手势和书写。（FCG1：81；Langacker 2005b：104）各种象征关系之间的相同点是：它们都存在于语言形式和规约的语言意义之间。

认知语法的终极目标是，以符合认知现实性的方式，刻画构成说话人语言能力的那些心理结构，即说话人掌握的业已确定的语言规约。（CIS：263；Langacker，1986：16；1988d：130）说话人的语言能力（知识）被表征为"结构性的规约语言单位的清单"（Langacker，1986：16；1987：56－76；1988a：11）。单位指被彻底掌握的结构——认知程式（cognitive routine）。单位可以是简单结构，也可以是复杂结构，说话人可以以一种自动化的方式使用它，而不需要注意它的内部结构。构成语法的单位表征说话人掌握的语言规约。基本的单位有三种：语义单位、音系单位和象征单位。语义单位和音系单位构成象征单位的两极。单位有规约性，具有合二为一的含义。一方面，语言单位在言语社区的成员之间实现约定俗成，具有互通互明性；另一方面，语言单位在单个说话人头脑中实现了心理固化，具有心理现实性。（Langacker，2008：21）语言单位在大脑里的储存是有结构的，其含义是有的单位充当其他单位的成分。清单的概念指的是，认知语法不是构造性的，也不是生成性的。它不作为输出表达式的装置，而只是提供象征资源的清单，说话人利用这些资源通过范畴化构建新的表达式。（Langacker，1988a：13；CIS：265）

语言功能塑造和限制语言结构。符号功能允许语言通过声音和手势象征语义，互动功能实现交际、操纵、表达和社会交往等。认知语法强调前者，反映了语言的符号功能，象征观的本质就在于此。（Langacker，1998：2－3；2008：7；2013：7－9）

第二，语言结构都是有意义的。从语素到词类到语法关系到语法构式都是有意义的，语法范畴（类别）可以通过语义来定义。一个语言结构的语义结构被称为述义（predication），语素的语义结构被称为述谓（predicate）。我们以词类的语义定义为例来加以说明。① 首先介绍

---

① 在认知语法的文献中，语类或语法范畴（Grammatical classes or categories）既指词类，也指以某个词为中心成分的语言结构。复杂的语言结构称为构式（construction）。

基本的语义概念。

在认知语法中，意义等于概念化（conceptualization）。概念化就是心理经验（mental experience）。

> 该术语的解读非常宽泛，不仅包括固定的概念，而且包括新概念和新经验；不仅包括抽象的、智性的概念，而且包括像感觉、情感和动觉这些现象。还进一步包括一个人对物理、社会和言语事件的语境的意识。（Langacker，1988a：6）

一个表达式的意义包括它的概念内容和对内容的识解方式（Langacker，2008：Cha. 2, 3）。概念内容由广阔的概念层（conceptual substrate）所提供，识解体现的是各种各样的概念能力（conceptual abilities）。一个表达式的概念内容寓于认知域（cognitive domain）的集合。认知域指语义结构刻画涉及的任何连贯的概念化领域，包括任何种类的经验、概念或知识系统。由于对一个表达式意义的理解所涉及的概念域数量众多、种类多样，所以，它的概念内容是非常复杂的。

识解指我们对同一个情景以不同方式构想的能力。做个大致的比喻：如果说概念内容表示一个场景，那么，识解就表示观察场景的某种方式。识解的维度主要包括详略度（specificity）、聚焦（focusing）、显著度/突显（prominence）和视角（perspective）。详略度指识解对情景刻画的精细程度。聚焦包括在语言表达方面选择概念内容和把选择的概念内容安排为前景和背景。作为识解的一种维度，显著度统一指语言中大量的不对称，包括凸显（profiling）、射体/界标联结（trajector/landmark alignment）等。视角表现观察者和被观察情景的总体关系。

在显著度（prominence）这一维度中，凸显（profiling）占据重要的地位。一个表达式总的概念内容称为最大辖域（maximal scope），而直接选择的那部分概念内容称为直接辖域（immediate scope）或基体（base）。基体被视为放在台上或被前景化的那部分概念内容，是注意的一般区域。在这个区域内，注意直接指向的特定的次结构，即被称为凸显。凸显代表了一个表达式直接辖域里特定的注意焦点。

概念内容相同并且凸显相同的表达式语义也可能不一样，例如 above（在……上面）和 below（在……下面）。这涉及显著度的另一个次维度：射体/界标联结（trajector/landmark alignment）。在凸显的关系中，参加者的显著度是不同的。最为显著的参加者被称为射体（trajector），是凸显关系中的主要焦点（primary focus）；另一个参加者是次主要焦点（secondary focus），被称为界标（landmark）。above 和 below 语义的差异就在于它们对射体和界标的选择不同。

一个表达式的语法范畴（类别）取决于它的凸显。在主要的词类中，名词凸显事物，其他主要词类凸显关系。名词凸显的事物被视为某个认知域中的抽象区域，该区域是一个实体，通过组化（grouping）和物化（reifying）两种认知操作得以形成。组化的对象是相互联系的实体集合，这一点在集合名词所构成的实体的组化中显而易见。组化形成的概念作为一个实体在更高层面被操作，就是物化。形容词、副词、介词等凸显射体和界标各不相同的非时间性关系（atemporal relation）。形容词凸显的关系的射体是一个图式性的事物，界标是一个不能作为独立的焦点参加者（focal participant）的实体；副词与形容词的不同在于前者凸显的关系的射体本身也是一种关系；而介词凸显的关系中的界标是一个事物，其射体可以是事物，如 the dust under the bed（床下的灰尘），也可以是关系，如 She opened it with a screwdriver（她用螺丝刀拧开了它）。动词也涉及两项认知能力：一是在实体的相互关系中构想（conceive of）实体，二是在时间中追踪关系的演进（evolution）。因此，动词凸显的关系是时间性关系（temporal relation），或称为过程。换言之，动词标示（designate）以这种方式进行顺序扫描的关系，其凸显包含的时间被称为概念化时间（conceived time）。过程或时间性关系是复杂关系，因为在每一个时间点都存在一个关系的实例。非时间关系也可称为非过程关系（non-processual relation），有简单和复杂之分，如下面

7

例句中的 on 和 onto。

　　（1）a. She is sitting *on* the roof.

　　　　　b. She climbed up *onto* the roof.

　　需要指出的是，虽然 onto 凸显定义运动路径的一个空间关系，但它对该关系的识解是整体性的，所以是非时间性的。

　　下面的组图1.1是认知语法中对事物和关系的图示法（Langacker，2008：99）：

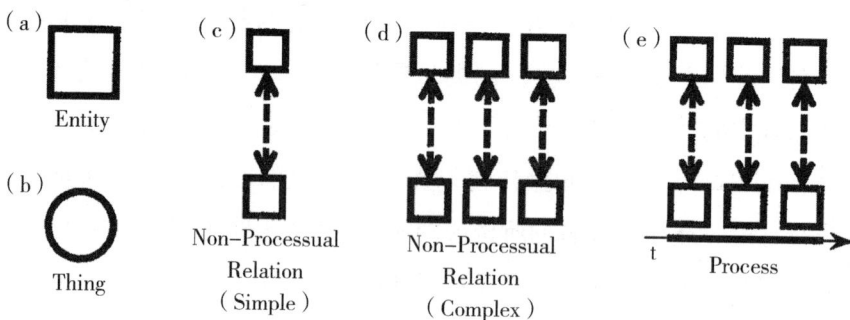

图1.1　认知语法中的事物和关系

　　实体（entity）是中性的，事物（thing）用圆（或椭圆）表示，关系（relation）用连接实体的箭头表示。

　　以凸显为依据，主要词类的类别见图1.2（Taylor，2002：221）：

　　该图显示，实体是中性的，关系和事物都属于实体，名词（noun）凸显事物，其他词类凸显关系，动词（verb）凸显时间性关系（temporal relation）或过程（process），另外四类词凸显非时间性关系（atemporal relation）；介词（preposition）与连词（conjunction）、形容词（adjective）和副词（adverb）的区别在于，在前面两种词类凸显［或标示（designate）］的关系中，界标（lm）是显性的（overt），在后面两种中是隐性的［并入性的（incorporated）］；介词与连词的区别在于，介词

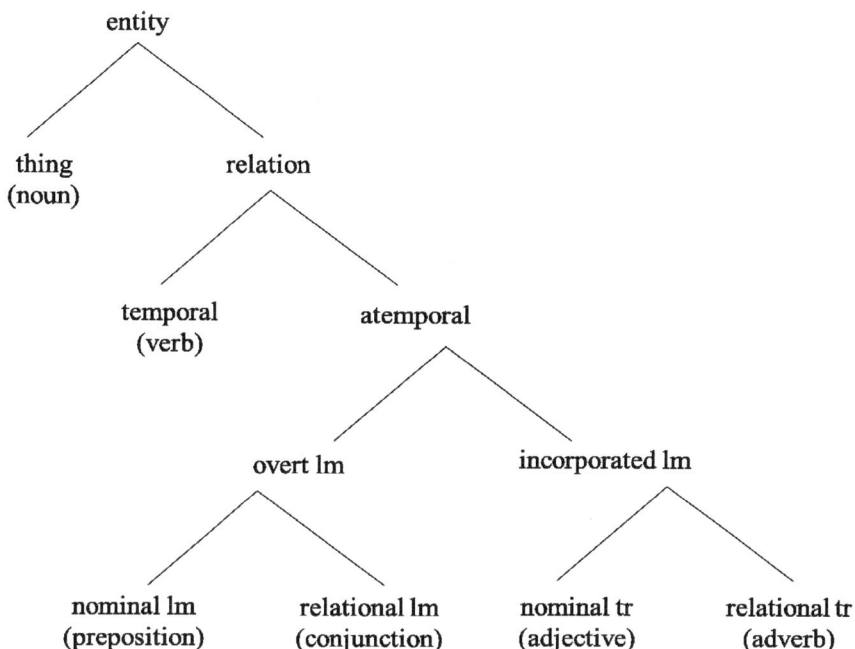

图 1.2 以凸显为标准区分的主要词类

的界标是名词性的（nominal），连词的界标是关系性的（relational）；形容词和副词的区别在于，前者的射体（tr）是名词性的，后者的射体是关系性的。

第三，在同一种语言内，形式不同，意义不同。这一点是由象征关系的本质决定的。不同的音系结构象征不同的语义结构。例如：

（2）a. Soldiers destroyed the village.

b. The village was destroyed by soldiers.

以上两个句子凸显总体相同的关系，但由于二者选择的射体不同，使得总体关系中不同方面的凸显性得以提升，造成的结果是，前者强调施事的活动，后者强调客事经历的核心过程。

再例如：

（3）a. Bill sent a walrus to Joyce.

　　b. Bill sent Joyce a walrus.（Langacker，1986：14）

虽然两个句子表达相同的概念内容，但是，a 句为使动构式，强调 walrus 经过的路径，b 句为双及物构式，强调 Joyce 对 walrus 的拥有关系，两者表征不同的识解方式。

再看一个汉语的例子。

（4）a. 她看了他一眼，他居然就上去打她。

　　b.？她把他看了一眼，他居然就上去打她。（沈家煊，2002b：390）

从 a、b 两句话与后续句子的语义关系搭配的和谐程度，就可明显感受到二者的不同。根据沈先生的说法，主动宾句表示客观性，"把"字句带有主观性，通过移情，说话人认为"把"字有了受损的意味。客观上看人一眼，被看的人并没有什么损害，但主观上认为"他"受损了，情况就不一样了，所以 a 句中的两个小句相匹配，b 句中受损的"他"与后面小句中的"居然"不匹配。

第四，语言不同，象征系统不同。每种语言中的语法都是一个象征系统，不同的语言在表达相同或相似概念的时候，采用的象征结构往往不同。该含义，连同前面的三方面含义，为句式的语际对比提供了可能性和必要性。通过相似句式的语际对比，可以显示它们所象征的语义结构和组织的异同，揭示它们的概念化方式的异同，最终发现不同民族认知世界的方式的异同。

认知语法的象征观使其成为一种理想的语言结构分析的理论。这种象征观至少具有四大优点：第一，自然性。原因有二：其一，从心理合情性和语义的核心地位来看，它是自然的。其二，从它的全应组织直接反映了语言的符号功能来看，它是自然的。第二，理论的朴素性（austerity）。认知语法宣称，在语言结构的描写中，只需要语义结构、音系结构和象征结构，从而体现了理论的朴素性。第三，概念统一性。词汇、词法、句法构成一个连续体，全部还原为象征结构的组配体。（Langacker，2013：14－15）第四，融合性。描写与解释融为一体：一方面，解释寓于描写之中；另一方面，描写寓于解释之中。认知语法拥有强大的描写工具和能力，从而能够精细地展示语言结构的内部和外部组织，使得研究者能够通过描写实现真正意义上的解释，帮助人们理解和认识语言结构的合情合理性。

因果关系和结果句式给我们带来了巨大的好奇，认知语法象征观的含义和优势能够为包括结果句式在内的句式语际对比提供一个理想的理论视角，因此，以认知语法理论为视角，开展英汉结果句式对比研究应该是一条可由之路。从我们掌握的文献看，这种对比似乎并不多见。可能原因之一在于对比本身就是一种研究方法。为了追求语言研究的普遍性和类型学价值，对比在语言研究中被自然地广泛应用，专门的对比研究似乎没有太大的必要性。有人甚至认为，语言研究本身就是对比研究。另一个可能的原因是，认知语法在中国的应用范围尚待扩大，更多的语言事实需要在该理论视角下进行观照、描写和解释，句式的语际对比也在拓展的范围之中。专门性的系统对比无疑有利于深化和丰富对不同语言之间相似句式之间的异同点的认识，从不同的视角出发，一定会有新的发现，这就是我们对从认知语法的视角对比英汉结果句式这项工作的认识，也是我们对这项工作的期许。

第二节　研究目标

英汉结果句式是两个复杂范畴，代表两个句式家族。（参看：Goldberg 和 Jackendoff，2004）本研究的目标为：从认知语法的象征观出发，提出适用于英汉句式对比研究的理论框架或模型，以句子的显性结构为线索，刻画英汉两种语言中的结果句式之认知语法象征系统，并做对比，揭示两者在概念化方面的相同点和相异点，并试做出具有类型学意义的解释。具体来说，主要包含以下五点：

第一，提出英汉句式对比研究的认知语法模型，并将之用于英汉结果句式的对比研究。

第二，从认知语法的视角，确定两个构式家族中不同次类的句式中心。

第三，从基于使用的语言观出发，对比英汉结果句式中诸类型的功能动因。

第四，从概念语义出发，对比英汉结果句式的事件类型。

第五，从语义合成观出发，对比英汉结果句式中各种次类型之间的语义合成机制，揭示它们背后的认知基础。

在对比中，不追求巨细无遗的分类和描写，而是着重探究两种语言典型、系统的类型学异同；不追求量化的统计和孜孜于反例的寻找，而勤力于质性的分析。

第三节 语料来源

英文语料主要来源：（1）BNC 语料库；（2）在阅读中收集的语料，包括文献中的语料和非学术性典范现当代英语读物中的语料；（3）权威英语词典和语法专著中的语料，包括《新英汉词典》A New Gnglish – Chinese Qictianary《新时代英汉大词典》（New Age English – Chinese Dictionary）、《美国传统词典（第 5 版）》（The American Heritage Dictionary (5th Edition)）、《朗文当代高级英语词典（第 5 版）》（Longman Dictionary of Contemporary English (5th Edition)）、《牛津高阶英汉双解词典》（Oxford Advanced Learner's English – Chinese Dictionary）、《柯林斯 COBUILD 高阶英汉双解学习词典》（Collins COBUILD Advanced Learner's

English – Chinese Dictionary）、《韦氏高阶英语词典》（*Merriam – Webster's Advanced Learner's English Dictionary*）、《英语动词分类和变换手册》（*English Verb Classes and Alternation*）、《英语语法大全》（*A Comprehensive Grammar of the English Language*）、《新编高级英语语法》等；（4）伯克利国际计算机科学院（*ICSI*）*FrameNet* 平台。

中文语料主要采自：（1）BCC 语料库；（2）学术文献和非学术现当代白话文典范著作中的语料；（3）权威汉语词典中的语料，如《现代汉语八百词》《汉语动词用法词典》《现代汉语词典（第 7 版）》等；（4）内省语料。

根据学界惯例，例句前的"＊"表示不可接受，"?"表示可接受程度不高。

第四节　结果句式和类别

本研究的考察对象为英汉结果句式，这意味着，我们把研究对象定位在小句层面。我们做出这样的选择，主要基于以下三点考虑：第一，有助于明确研究对象，突出研究重点。在汉语结果结构的研究中，经常见到使用动结式这一术语，既指动结短语或动补短语，也指结果句式，指称对象杂糅，有时似欠明确。而英语中用的结果构式（resultative construction 或 resultative），基本上清一色指称结果句式。构式这一术语，初指句式（见 Goldberg，1995，2006 等），经过发展，在后来的构式语法和认知取向的各种研究分支中，涵盖了从语素到词到短语到小句到句子甚至直到话语各个层面的语言结构，不管是规则结构，还是特异结构，都称构式。（Croft and Cruse，2004：255；Goldberg，2006：5

等)① 因此，为了明确研究对象，也不宜用结果构式这一说法。第二，有助于凸显英汉对比的意义。狭义的语法研究包括句法和词法两大分支，在句法领域，句子（小句）的研究无疑处于最为重要的地位。通过小句的对比研究，许多短语和单词层面的问题同时也得以分析和得以更为清楚的认识。再者，小句能够表达完整思想，同时涉及情景类型、参加者等多种因素，是表达和语义界面信息表现最为集中的语言学单位。另外，英语结果构式的研究，基本上都是定位在小句层面，为了保证可比性，也有必要把汉语对应的考察对象放在小句层面。因此，在小句层面开展对比研究，对于探究两种语言的异同和背后的原因，具有相当重要的意义。第三，有助于探究英汉结果句式的复杂性和丰富性。英汉结果句式各自构成了富有特色的大家族，多样的成员，复杂的范畴特征，预示着深广的探索空间。在小句层面开展对比，有望发掘两个句式家族蕴含的丰富微妙的诸类认知事件和认知加工方式。

为了明确考察对象，我们把汉语界常用的动结式，即动词和结语结合构成的结构体，称为动结结构，将之统一用于英汉两种语言。

以下是我们考察的英汉结果句式的类别。

一、英语及物结果构式

(1) a. John put a book on the top shelf.

b. I sent a walrus to the zoo. (cf: I sent the zoo a walrus).

c. The chief assigned three detectives to the case.

d. Veronica left her keys in my office.

例（1）中的结果句式的结构可以表示为［S V O R］（R = PP）。

---

① 在认知语法中，（语法）构式指由两个或两个以上的象征成分结构构成的复杂象征结构，或象征结构的组配体（assemblies of symbolic structures）。

这些句式中的动词语义中都预设宾语的位置。

(2) a. Mary painted the wall red.

　　b. Kelly wiped the table clean.

　　c. Martha feeds chickens fat.

　　d. They muddied their faces white. ①

　　e. John pushed the door open.

　　f. Pat kicked Bob black and blue.

　　例 (2) 中的结果句式的结构为 ［S V O R］（R = Adj）。如果说例 (1) 中的句子表示位置移动，例 (2) 中的句子则表示状态变化。二者的另一个差别在于，这里的结语去掉后不影响句子的合法性。例如：

　　a′. Mary painted the wall.

　　b′. Kelly wiped the table.

　　c′. Martha feeds chickens.

　　d′. They muddied their faces.

　　e′. John pushed the door.

　　f′. Pat kicked Bob.

(3) a. Pat kicked his football into the stadium.

　　b. Oh，they'd have to move it to Taiwan for people to know a-
　　　bout it practically.

　　c. He threw a stone at the crocodile.

---

① 该例由马里兰大学英语系的 Michael Israel 教授所提供，在此表示感谢。该例显示了结果句式的能产性。

　　　　d. They presented her to the leader.

例（3）与例（2）的不同在于结果为处所，而不是状态。

　（4）a. John broke the dishes into pieces.

　　　　b. She shattered the vase to pieces.

　　　　c. They melted the butter to liquid.

　　　　d. He suffocated Kim to death.

　　　　e. The fridge froze the water solid.

例（4）中的动词本身就包含结果，后面的介词短语详解动词包含的结果。

　（5）a. They drank the pub dry.

　　　　b. Kelly wiped the crumbs off the table.

　　　　c. Michael drove me to D. Washington C. .

　　　　d. Michael drove me home.

例（5）中的宾语不是动词范畴化的类型，drink（喝；饮）的常规宾语应该是饮料，而不应该是 pub（酒馆），wipe（擦）后面应该是桌子，而不是 crumbs（面包屑），例如，我们会说"擦桌子"，而一般不会说"擦面包屑"。

　（6）a. The joggers ran the pavement thin.

　　　　b. The man ran his legs sore.

　　　　c. Sue danced Pat tired.

　　　　d. Sam walked him to the car.

　　　　e. Professor Smith talked us into stupor.

f. The critics laughed the show out of the town.

g. They laughed the poor guy into his car.

h. Sam sneezed the napkin off the table.

例（6）中的动词都是不及物动词，后面不仅都跟了宾语，而且还有结果。

（7）a. Martha eats herself fat.

b. He talked/yelled/shouted himself hoarse.

c. He ate himself sick.

d. He had run himself out of breath.

e. She cried herself to sleep.

f. He cut himself free.

g. He coughed himself awake.

例（7）中的句子都带有被称为假宾语的反身代词（Simpson, 1983），动词有的是及物的（如 eat、cut），有的是不及物的（如 talk、run）。虽然结果短语有形容词和介词短语两种，但都表示状态变化。该类句式的结构可描写为 [S V oneself RP]（RP = AP 或 PP）。

（8）a. British UN troops shot dead three Croat gunmen who fired on a Muslim aid convoy near Vitez in central Bosnia today after Croat forces had shot and killed eight of the convoy's drivers.

b. Some were rinsing brooms; some were scrubbing clean the pans they'd used for plastering, scouring them with river silt and grass.

c. Cornelius pulled open the rucksack.

例（8）与前面的例子的不同在于，动词和结语构成粘合结构，与汉语的动结式相像，而在前面的例子中，动词和结语的关系都呈现分离式。① 该类句式的结构为［S VR O］。

  （9）a. They painted their room beautifully.

    b. He loaded the cart heavily.

    c. He cut the bread thinly.

    d. He cleaned out the brush.

    e. In the description of the sprinkler and the apron, and especially the altar, the internalization of law（as disguise）results in this sacrilege within reverence, an intimacy with law which can blow apart its ideological effect（revealing the hidden side of the altar）—and with a strange knowing innocence strangely inseparable from that intimacy.

    f. The explosion tore the plane apart.

这一类结果句式中的补语为副词。副词分两类：一类是传统意义上的副词，如 beautifully、heavily、thinly；另一类被称为小品词，或不及物介词（如 Huddleston & Pullum，2005；Bolinger，1971），如 out、apart。为了指称的方便，我们称第一种为副词，称第二种为小品词。小品词有的与动词合并（如 d 和 e），有的与之分离（如 f），而副词都在宾语后。

---

① 朱德熙（1982：125）把述补结构分为黏合式和组合式，前者如"抓紧，写完，写上，写清楚，煮熟"，后者指带"得"的述补结构，如"走得快，看得多，写得很清楚，看得见，听得出来"。行文中，我们采用朱先生用黏合式指称动词和结语紧接在一起的结构。

二、英语不及物结果构式

（10） a. The bottle floated into the cave.

b. Bill rolled out of the room.

c. The hunter and his dog ran into the forest.

d. They walked to the station.

e. Water splashed/sprayed onto the lawn.

例（10）中的动词都为运动动词，结果由介词短语表示，表示目标（goal），句式结构为［S V PP］。

（11） a. He coughed awake.

b. She jerked awake.

例（11）中的动词为即时无界性动词，结果为状态变化。

（12） a. The witch vanished into the forest.

b. The trolley rumbled into the tunnel.

例（12）a 中的动词属于消失类动词，b 中的动词是发声（sound - emission verb）动词。

（13） a. The bottle broke open.

b. The river froze solid.

c. The laundry dried crisp.

d. The butter melted to liquid in half an hour if left out of the fridge.

e. Kim suffocated to death.

f. The vase shattered to pieces.

例（13）中的动词都是表示状态变化的作格动词，本身包含结果，后面的结果短语（形容词或介词短语）进一步明确或强调这种结果。

三、汉语及物结果句式

（14）a. 列宁打破了花瓶。

b. 史密斯先生推开了门。

c. 张三气哭了李四。（比较：李四气哭了。）

d. 那件事气哭了小妹。

e. 玛丽哭湿了枕头。

f. 衣服洗累了妈妈。（比较：＊妈妈洗累了衣服。妈妈洗衣服洗累了。衣服把妈妈洗累了。）

g. 人头马喝哭了志愿者。

h. 高老师教会了我们数学。

i. 张三骑累了马。

j. 张三追累了李四。

例（14）中的动结式都是表示状态变化，结果短语或为动词或为形容词，除了 j 句之外，其余所有的例子中的结语都指向宾语。该类结果句式的结构主要为［S VR O］。h 的结构为［S VR Oi Od］，其中 Oi 指间接宾语，Od 指直接宾语。

（15）a. 我们听懂了他的意思。

b. 张三学会了微积分。

c. 老王看惯了这种现象。

　　d. 我想死你们了。

　　e. 老王卖赔了一百元

　　f. 老王买赚了一百元。

　　g. 吃饱饭。

　　h. 喝醉酒。

　　像例（14）一样，例（15）也是表示状态变化，但结果的语义指向主语。

（16）a. 张太太推走了一辆购物车。

　　　b. 他递给老王一本书。

　　　c. 他递了一本书给老王。

　　　d. 他送上来一盘苹果。

　　　e. 他送一盘苹果上来。

　　　f. 他写给小王一封信。

　　　g. 他写了一封信给小王。

　　　h. 他写了一副春联给我。（对比：*他写给我一副春联。）

　　　i. 我送阿哥到村口。（比较：*我送到阿哥村口。/我把阿哥送到村口。）

　　例（16）中的结果都表现为位置移动，动词也主要是位移动词。结语与动词的结合形式也分为黏合式［如（16）a，b，d，f］和分离式［（16）c，e，g，h，i]。

四、汉语不及物结果句式：动结（状态变化）＋动趋（位置变化）

（17）a. 花瓶打碎了。

    b. 饭煮熟了。

    c. 手冻僵了。

    d. 松花江上的冰融化了。

    e. 门开了。

    f. 门关了。

    g. 酒喝多了。

    h. 潮水涨高了。

例（17）为传统的受事主语句，动结构中的动词和结语分别表示原因和结果，结果为状态变化。该类句式的结构表征为［S VR］（S 为受事）。

（18）a. 他们走累了。

    b. 老李也是穷怕了。

    c. 老王喝醉了。

    d. 张三吃饱了。

    e. 他累坏了。

例（18）是传统的施事主语句，结果为状态变化，其结构［S VR］（S 为施事）。（18）e 中的主语"他"为感事（experiencer）。感事虽然处于接受域（recipient domain），但像施事一样，具有一定的主动性，可做主语，因此可以视为准施事。（参看 Langacker，1991：327；Langacker，1990：209）

（19）a. 那只知更鸟飞走了。

    b. 那只猎狗跑进了树林。

    c. 后来二婶再次帮喜儿逃出了黄家，藏进了深山丛林里。

  d. 汽车驶进了停车场。

  e. 他们走远了。

  f. 那只球滚下了斜坡。

  g. 一只苹果掉在了地上。

例（19）中的句子都表示位置变化，结构为［S VR］（R 为处所）。

  （20）a. 鞋买贵了。

   b. 鞋他买贵了。

   c. 那双鞋买贵了。

   d. 那双鞋他买贵了。（对比：＊他把那双鞋买贵了。）

   e. 坑挖深了。（比较：坑被挖深了。）

   f. 沟挖浅了。

   g. 油条炸焦了。

   h. 菜炒咸了。

例（20）中的动结式表示评价，结语的语义指向主语。

五、汉语中的特色结果句式

  （21）把字句：

   a. 妈妈把衣服洗干净了。

   b. 列宁把花瓶打碎了。

   c. 就是豁出这条命，也要把情况摸清楚！（比较：情况摸清楚了。）

   d. 他把小王急哭了。

   e. 这段路可把他走乏了。

f. 他把书都放在床上。

g. 高先生把购物车推到了家里。

h. 老大娘把受伤的战士背回自己家中。

i. 小王把信寄走了。

j. 张教授把车开到语言大学南门接朋友。

k. 这孩子把冬天的衣服全穿上了。

l. 把名字刻在石头上。

（21）a—e 表示状态变化，f—l 表示位置移动，但两者的共性在于，结语的语义都指向"把"的宾语（以下简称"把宾"）。

（22）拷贝动词句：

a. 他们吃肉吃腻了。

b. 他做功课做累了。

c. 他们打球打累了。

d. 他吃烤鸭吃胖了。

e. 他看书看多了，有点傻乎乎的。

拷贝动词句的结语语义指向主语，拷贝动词短语表示原因，引出动作所及的对象，拷贝动词后的名词一般为光杆形式，表通指，动结结构表示结果。结构表示为 ［S V1O V2R］。

（23）V 得句：

a. 张三追得李四直喘气。

b. 爸爸骂得小明流下了眼泪。

c. 张三跑得喘不过气来。

d. 写得非常好。

e. 他念得很响很清楚，但因为念得太快，混淆了舌尖音和卷舌音。

f. 张三累得话都不想说了。

g. 那瓶酒喝得我头疼。

h. 那场球看得我很压抑。

i. 虽然看不见他的表情，却听得出他屏住气息，也感觉得到他的惊恐。

"V 得"后面的成分表示结果，结果为状态，其形式为小句，或状态形容词，或程度副词加性质形容词。

（24）综合式

a. 张三把李四追得直喘气。

b. 远藤把帽子压得很低，走到距离我住处的玄关几米的地方。

c. 牛累得把脖项都磨肿了，把老清心疼得像割破了手指头。

d. 他把每个人都恨得入骨，几乎可以这样说。

e. 张三追李四追得直喘气。

f. 他跳河跳得很后怕。

g. 首先改善小黎的学习环境，请她到家里做功课，替她买练习本，有时做功课做得太晚就留她在家里住宿。

h. 挥鞭子挥得特别准确老练。（评价）

i. 卢沃老爹掌舵掌得如此灵巧，埃基帕热操挠钩操得如此准确。

j. 看书把他看累了。

k. 洗衣服把他洗累了。

l. 看连续剧把他看上了瘾。

m. 写文章把我的手写酸了。

　　　　n. 考虑问题把他考虑得夜不能寐，茶饭不思。

　　（24）a—d 为"把字句 + V 得句"，e—i 为"拷贝动词句 + V 得句"，j—n 为"拷贝句 + 把字句"，其中 n 为"拷贝句 + 把字句 + V 得句"。

　　在分类的第一步，我们采用及物和不及物做出区分，再根据结果的两种表现即位置变化和状态变化区分，接下来根据动词和结果短语的关系区分。在汉语中，存在一些特殊的结果句式，我们把它们分为三类，即把字句、拷贝动词句、V 得句，外加一种混合类型。在这里，我们把英汉被动句排除在外，原因在于被动句有其自身的丰富性和复杂性，并且与把字句、受事主语句等句式之间存在着微妙的关系，本身即可作为一个专门的课题来研究。虽然 Langacker（1982）在认知语法提出之初相当详细地研究过英语中的被动句，但详审之不难发现，研究余地应该还比较大。在本已复杂的研究范畴中再加入英汉被动句，限于我们的时间和精力，恐力有不逮，所以，这次暂不列入考察范围。

第五节　研究方法

　　本研究主要采用思辨法。在认知语言学于世界范围内获得长足发展的当下，随着其研究范围的扩大，研究方法越来越丰富，主要包括内省法、语料库法、多模态法、心理实验法、脑神经实验法，等等。（束定芳，2013）但是，作为认知语言学滥觞所依仗之法，思辨法已成为认知语言学方法（论）家族中一个常项，在认知语言学研究中依然占据着重要地位。

　　就本研究的研究对象而言，英汉结果句式（在汉语中尤其是冠名动结式的研究）在研究的深度和广度上已达到相当可观的程度，能够关注的语料和应该做到的统计几乎均可见于各种研究成果之中，基本上做到了巨细无遗。在当下的研究中，我们更希望见到的是新的描写和解释，所以，在我们的研究定位中，不追求语料的海量和精细的统计，而把注意力更多放在两种语言内部的证据、证据的系统性和语言类型学的视野上。（参看沈家煊，2012）具体而言，就是以认知语法为理论视角，观照英汉各种结果句式的结构，通过有形的句式结构，根据语言象征观，求索和解读对应的语义结构，从认知合情性上解释英汉两种语言中英汉结果句式的异同。

在思辨为主的前提下，我们也在必要的时候辅之以数据统计和分析，来验证和支持定性发现。

第六节　结构安排

本研究主要包括八章。

第一章为引论，交代研究的缘起、目标、语料来源、研究对象的分类和研究方法。

第二章，文献综述。综览汉语结果句式、英语结果句式、英汉结果句式对比研究状况，提出研究问题。

第三章，理论框架。基于认知语法的象征观、基于使用的模型和句子观，提出英汉结果句式对比研究的理论模型，并对理论工具做出必要介绍。

第四章，英汉结果句式中心对比。从认知语法的视角，分析英汉结果句式诸类型的句子中心。

第五章，英汉结果句式功能动因对比。从英汉结果句式本身的结构出发，描写它们的功能动因，并做对比。

第六章，从概念语义出发，援用认知域的概念，研究英汉结果句式编码的事件结构。

第七章，英汉结果句式语义合成机制研究。联系英汉结果句式的中心成分，运用认知语法的合成理论，对比英汉结果句式的语义合成机制，揭示二者异同。

第八章为结论部分，列举本研究的主要发现，指出研究局限，提出研究展望。

第二章

英汉结果句式研究综观

英汉结果句式是历久不衰的研究课题，参与研究的人员众多，研究成果丰富，汇集和体现了各种理论视角的选择和分析手段的运用。既有共时的研究，又有历时的考察；既有来自结构和形式诸理论的观照，又有来自认知和功能各方向的探讨，还有整合不同的理论思想而做的综合研究；既有数量庞大的论文，又有为数可观的专著。穷尽性的综述既无可能，也没必要。根据与本课题的相关性，下面的述评从英语结果句式、汉语结果句式和英汉结果句式的对比三个方面展开①，重点从与当前研究的关系取材和讨论。

第一节　英语结果句式研究

英语结果句式的研究，从各个理论视角来看都有很多富有见地的成果（Carrier & Randal，1992；Napoli，1999；Bowers，1997；Rappaport Hovav & Levin，1998，2001；Levin & Rappaport Hovav，1995；Levin，

---

① 因为各项研究的侧重点不同，英汉语中的说法也有差异，为了尊重原作者，我们在评述中尽量采用他们在著作中的说法，因此，在汉语中，我们用动结式，在英语中，我们多用结果构式，虽然说法有别，但动词和结果构成的复杂结构是它们的共性，同时，为了清楚起见，在大的标题的措辞上，我们统一用结果句式。在第一章中，我们区分了结果句式和结果构式，分指小句和动结结构两个层面，并贯穿于后面的主体研究。

1993；Goldberg，1995；Goldberg & Jackendoff，2004；Jackendoff，1997；Boas，2000，2003；等等），这些研究主要分布在句法研究、事件结构研究和构式语法研究三个方面。

一、句法研究

在本节中，我们主要讨论小句理论和述谓理论视角下的结果构式分析。

（一）结果构式的小句分析

小句（SC）理论是 Williams（1975）提出来的，最初是为了描写一组包含动名词和分词的构式，后被扩展应用到各种包含第二述谓结构的句子描写中去，置于管辖约束理论（GB）的大框架下。

根据小句理论，动词后的名词短语（NP）与第二谓词之间的关系与整个小句主谓之间的关系是平行的，都是述谓成分关系。如下列句子包含不同的 SC。

（1）Mary considers $[_{sc}$ Kim smart$]$．（补语小句）

（2）Pat$_i$ ate the steak $[_{sc}$ PRO$_i$ naked$]$．（附加语小句）

（3）Bart drank his soda$_i$ $[_{sc}$ PRO$_i$ warm$]$．（附加语小句）

（4）Lisa painted her door$_i$ $[_{sc}$ PRO$_i$ pink$]$．（结果小句）

这些小句都包含主语和谓语，其句法结构如下：

$$V \ [_{sc} \ NP \ XP], \ (X \in \{A, \ N, \ P, \ V\})$$

Hoekstra（1988）讨论了如下三种结果构式：

（5）Jim danced Mary tired.

（6）He shaved his hair off.

（7）They painted the door green.

Hoekstra 认为动词后的名词短语不是动词的论元，以上三种结果构式应该采用同一分析思路（图 2.1）。

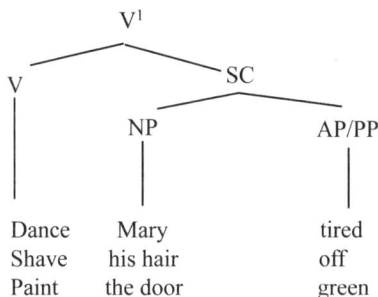

```
                        V¹
              ┌──────────┴──────────┐
              V                     SC
              │             ┌───────┴───────┐
                            NP            AP/PP
              │             │               │
            Dance         Mary            tired
            Shave        his hair          off
            Paint        the door         green
```

图 2.1　Hoekstra 的分析方案

Hoekstra 的方案存在如下问题：第一，像 paint（向……涂漆）这样的及物动词非及物化的方法不能得到独立的实证语料的支持，难以立足。第二，他认为主动词的不及物化阻止了其后的名词短语充任宾语，只有结果谓词向名词短语指派题元角色，主动词只给整个小句成分指派题元角色。但是，语言事实证明，强制性及物动词在结果构式里面对后面的名词短语在语义上有选择限制，如 ＊The bears frightened the camp-ground empty. ／＊The magician hypnotized the auditorium quiet. 。第三，基于动后名词短语和结果短语主谓关系的认识，Hoekstra 认为，结果短语题元标记动后名词短语。该观点也无法处理结果短语在以下结果构式中的分布。

（8）John painted the house ｛green/ ＊old/ ＊expensive｝．

（9）The joggers ran their Nikes ｛threadbare/ ＊purple/ ＊new｝．

（二）结果构式的谓词结构分析

为了避免小句理论面临的问题，Williams（1980）提出述谓理论。述谓理论抛弃了动后名词短语与第二谓词构成句法成分的设想，认为述谓不能在句法层面描写，在语法中，还有一个从表层结构派生出来的表征层面，即谓词结构（Predicate Structure，PS）。PS 从表层结构经由一套述谓规则派生出来，表明句子中的主谓关系。基于谓词结构理论，有一系列关于结果构式的研究，我们来近距离看一下 Carrier & Randal（1992）（下面简称 C & R）提出的三分法。

在他们的方案中，C & R 区分了及物结果动词和不及物结果动词。在结果构式中，及物动词后面的名词短语是主动词的内论元，而不及物动词后面的名词短语不是主动词的内论元，不管在哪种情况下，主动词和动后名词短语都是姐妹关系。这样，两种结果构式的分析呈现的都是一种三分法（图 2.2、图 2.3）。

(10) a. Water the tulips flat.

b. Run their Nikes threadbare.

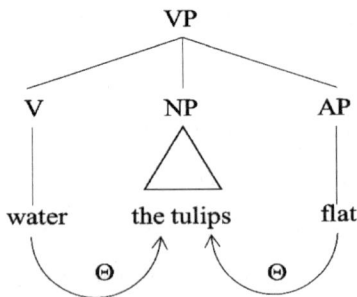

图 2.2　包含及物动词的结果构式的三分法

在（10）a 中，动后名词短语 the tulips 在结果构式里收到了两个题元角色：第一个来自及物动词 water，第二个来自结果短语 flat。相比之下，包含不及物动词的结果构式（10）b 仅指派给动后名词短语一个题

```
                    VP
         ┌──────────┼──────────┐
         V          NP         AP
         │          △          │
        run    their Nikes  threadbare
                    ╰────Θ────╯
```

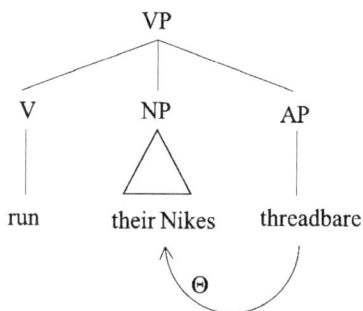

图2.3 包含不及物动词的结果构式的三分法

元角色。

相对于小句分析法，C & R 的理论虽然在概念和实证上具有明显的优势，但在解释结果构式的分布时也面临如下两个问题：第一，未能区分动结式里强制性及物动词对其后宾语的语义限制与非动结式中的类似限制，从跨语言的角度看，二者在有些情况下是不同的。第二，C & R 确定不及物结果构式中动后名词短语的非内论元身份的标准是中动测试。但是，根据 Goldberg（1995）提供的语料，该测试在有些情况下是靠不住的。

二、事件结构研究

事件结构分析法是形式学派内部对句法分析的发展，不同的关于英语结果构式的事件结构研究有一个共同的观点：结果构式表达一个复杂事件结构，包含使因事件和结果事件两个子事件。（如 Tenny，1994；Winkler，1997；Rappaport Hovav and Levin，1998，2001；等等）我们下面的讨论主要依据 Rappaport Hovav and Levin（1998，2001）（以下简称 R & L）。

R & L 认为：普遍语法包含一定数量的表征原子谓词不同结合模式的"事件结构模板"。动词表征基本的事件结构，决定了它的句法表现。事件结构到句法结构的映射取决于几个关于论元实现的合法性

(well – formedness) 条件，有些条件具有复杂事件敏感性。一个复杂事件的分布由动词的词汇语义和事件结构的特征共同允准。英语结果句式属复杂事件。

(11)　a. ∗ Kelly broke the dishes off the table.

　　　b. Kelly wiped the crumbs off the table.

二者不同的是，动词 wipe 后面跟的是被范畴化的宾语，而 break 后面跟的不是。（11）b 可解读为：Kelly wiped the crumbs and as a result the crumbs went off the table。Kelly wiped the crumbs 构成使因事件，the crumbs went off the table 构成结果事件。但是，我们却不能对（11）a 做出平行性解读，即 Kelly broke the dishes and as a result the dishes went off the table，当然也不能解读为 Kelly broke the table and as a result the dishes went off the table。a 可接受而 b 不可接受的原因一方面在于，break 和 wipe 一个描述实现事件，一个描写活动事件，前者的语义中已有结果，不能再增加一个表示处所或目的的结果。

关于英语结果构式的允准，R & L 做出了如下总结：

由于像 break 这样的动词关联的模板不能进一步增扩，所以，不能再向带有 break 的句子增加一个别的达成状态或处所，即使 break 带的是正常的直接宾语。（…） 这样，通过它们事件结构的表征、模板增扩操作和合法性条件之间的互动，那些把动词 break 和 sweep 区别开来的属性即得以解释。（R & L, 1998: 122 – 123）

（Because the template associated with a verb like *break* cannot be augmented further, no other achieved state or location can be added to a sentence with *break*, even with the normal direct object. (. . .) Thus, the properties that distinguish the verb *break* from the verb *sweep* can be accounted for through the interaction of their event structure representation, the operation of Template Augmentation, and the well – formed-ness conditions.)（R & L, 1998：122 – 123）

虽然 R & L 对英语结果构式从事件结构的视角做出了精细分析，克服了直接宾语限制面临的问题（见 Simpson，1983；Levin & Rappaport Hovav，1995；等等），但 Boas（2003）在下面（12）和（13）中提出的证据显示，在一些情况下，带有 break 的句子的不可接受性并非因为它关联的事件结构与 wipe 关联的有什么不同。

（12）a. ?? Nicole broke the dishes valueless.

b. * Nicole broke the dishes off the table.

c. * Nicole broke the dishes onto the table.

d. Nicole broke the dishes into pieces.

（13）a. Sascha wiped the table clean.

b. Sascha wiped the crumbs off the table.

c. Sascha wiped the crumbs into the trash.

d. Sascha wiped the crumbs into pieces.

e. ? Sascha wiped the crumbs black.

f. ?? Sascha wiped the crumbs to death. （结果解读）

Boas 同时用证据表明，能够与 break 连用的结果短语的范围要比 R & L 所认为的大得多。

三、构式语法研究：论元结构和框架语义

如题所示，在本节中，我们从论元结构和框架语义学两个视角来审视结果构式的构式语法研究情况。

（一）英语结果构式的论元结构研究

构式语法有多种变体（如 Fillmore，1988；Fillmore，Kay & O'Connor，1988；Goldberg，1995，2003，2005，2006；Croft，2001；等等）。这里我们主要讨论 Goldberg 构式语法视角下的英语结果构式的研究。

首先从构式的定义、构式和动词的关系、构式和构式的关系三个方面回顾一下构式语法的指导思想，作为讨论具体的英语结果构式研究的准备。

构式的定义是：

> 构式是结构和意义的配对，其形式的某一方面或意义的某一方面不能从其成分或别的业已确定的构式中严格预测。（Goldberg，1995：4）

在 Goldberg（1995）中，作为研究个案的构式都在句子层面，包括双及物构式、使动构式、结果构式和道路构式四类。一个构式就是一个完形，是一种独立的存在，有自己本身的意义。构式作为整体大于部分之和，包括成分里没有的内容或信息。但是，根据构式语法的理念，它涵盖的是整个语言的知识（Kay & Fillmore，1999：1），语言中的全部结构都是构式（It is constructions all the way down）（Goldberg，2006：18）。

构式和动词的互动体现了构式的分布机制。在构式语法中，动词的意义表征为语义框架。（Fillmore，1977，1982；等等）语义框架是高度结构化的语义信息结构，标示一个"连贯的、个体化的感知、记忆、经验、行动或物体"的理想化（Fillmore，1977：84）。动词的语义框架中包含参加者角色。如：

rob ＜**thief target** goods＞　（抢＜贼 目标 物品＞）

steal ＜**thief** target **goods**＞　（偷＜贼 目标 物品＞）

以上是 rob 和 steal 的语义框架里包含的参加者角色。二者包含的参加者角色是一样的，但凸现的（profiled）① 角色不一样（通过黑体表示）。正是这种不同决定了不同的句法表现。

（14）a. Jesse robbed the rich（of all their money）.

b. * Jesse robbed a million dollars（from the rich）.

（15）a. Jesse stole money（from the rich）.

b. * Jesse stole the rich（of money）.

构式的意义是多义性的，是一个形式对应于多种意义格局。如双宾构式的多义性可见于图 2.4（Goldberg，1995：38）。

该图列出了英语双及物构式的六个意义。A. 施事成功使得接受者（recipient）收到受事；B. 条件的满足暗示施事使得接受者收到受事；C. 施事使得接受者不能收到受事；D. 施事行动使得接受者在将来的某个时间点收到受事；E. 施事使接受者能够收到受事；F. 施事打算使接受者收到受事。其中，A 是核心意义。

构式有其自己的论元结构，表征构式在语义层面的结构。比如，双及物构式的典型意义是"X 使得 Y 收到 Z"（X CAUSE Y to RECEIVE Z），表征如下：

CAUSE – RECEIVE < agt rec pat >

（使 – 收到 <**施事 接受者** 受事>）

三个论元都是凸现的论元（profiled argument）。

---

① 此处的 profile 与认知语法中的有所不同。在 GOLDBERG 的构式语法中，它指的是在动词语义中突出一个参加者，而在认知语法中，它指的是在概念内容中彰显一个次语义结构。因此，为了区别，在构式语法中，我们把它翻译成"凸现"，在认知语法中译为"凸显"。

**E. Agent enables recipient
to receive patient**
Verbs of permission:
permit, allow

**F. Agent intends to cause recipient
to receive patient**
Verbs involved in scenes of creation:
*bake, make, build, cook, sew,
knit,...*
Verbs of obtaining:
get, grab, win, earn,...

**D. Agent acts to cause recipient
to receive patient at some
future point in time**
Verbs of future transfer:
*leave, bequeath, allocate, reserve,
grant,...*

**A. Central Sense
Agent successfully causes recipient to receive patient**
Verbs that inherently signify acts of giving:
give, pass, hand, serve, feed,...
Verbs of instantaneous causation of ballistic motion:
throw, toss, slap, kick, poke, fling, shoot,...
Verbs of continuous causation in a deictically specified direction:
bring, take,...

**B. Conditions of Satisfaction imply
that agent causes recipient to
receive patient**
Verbs of giving with associated
satisfaction conditions:
guarantee, promise, owe,...

**C. Agent causes recipient not
to receive patient**
Verbs of refusal:
refuse, deny

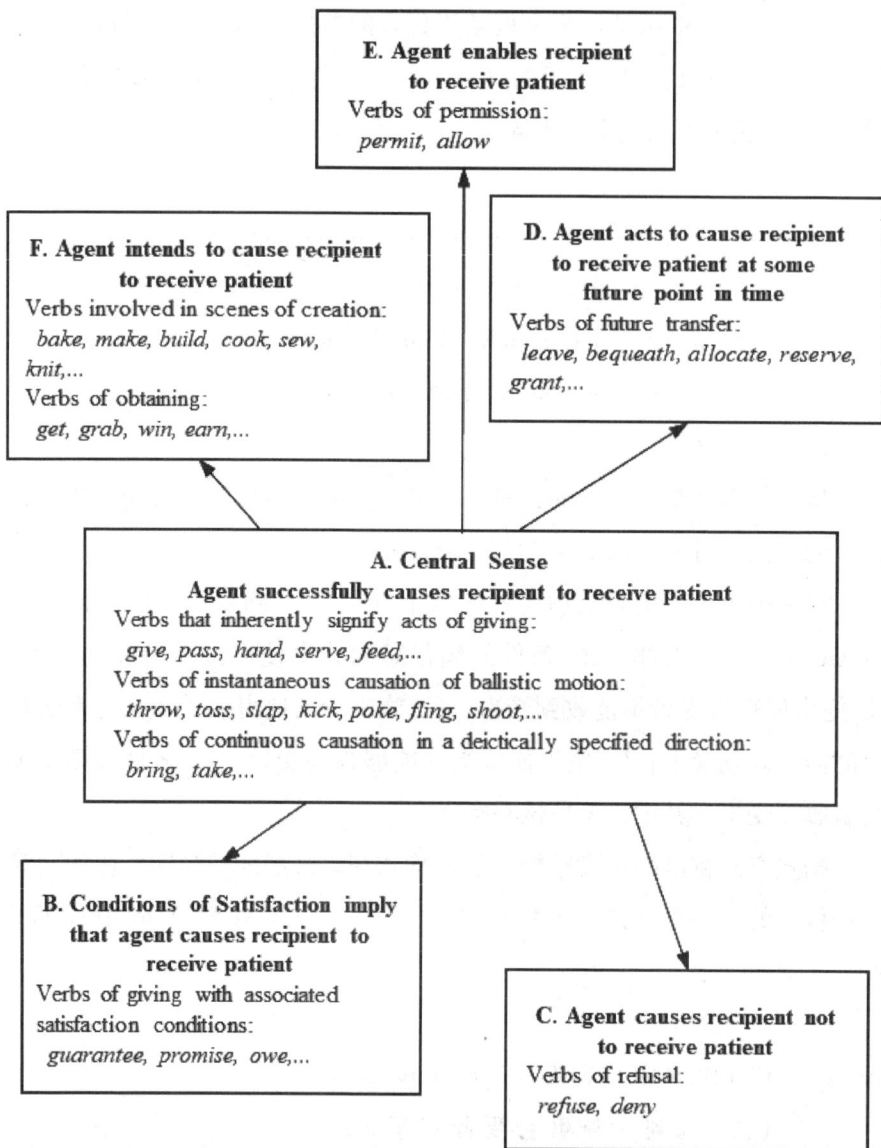

图 2.4　英语双宾构式的多义性

　　动词进入构式是一个动词参加者角色与构式论元角色融合的结果
(fusion)。支配融合的原则有两个（Goldberg，1995：50 – 52）：

　　1. 语义连贯性原则：只有在语义上相容的角色才能融合。角色1（r1）和角色2（r2）相容，如果角色1（r1）可以识解为角色2（r2）的实例或角色2（r2）可以识解为角色1（r1）的实例。

2. 对应性原则：每个在词汇上凸现表达的参加者角色必须与构式的凸现论元融合。如果动词有三个凸现的参加者角色，那么，其中一个可与构式中的非凸现论元融合。

动词凸现的参加者角色可与构式凸现的论元实现一对一的融合，如hand出现在双宾构式中的情况（图2.5）。

Composite Fused Structure: Ditransitive + *hand*

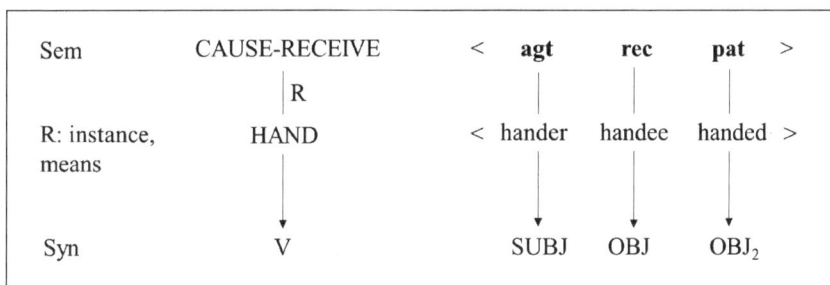

Sem	CAUSE-RECEIVE		<	**agt**	**rec**	**pat**	>
		R					
R: instance, means	HAND		<	hander	handee	handed	>
		↓		↓	↓	↓	
Syn	V			SUBJ	OBJ	OBJ₂	

图 2.5 动词为 hand 的双宾构式的融合

这是匹配性的融合，还存在不匹配的融合，如：

（16）Pat sneezed the napkin off the table.

的融合箱式图如图2.6：

动词 sneeze 的语义框架里只含有一个参加者角色"打喷嚏者"（sneezer），与构式中的"使因"（cause）角色融合，因为"打喷嚏者"是一种"使因"。另外两个论元都是由构式贡献的论元。

构式之间的关系体现为各种继承连接，主要包括四种：多义性连接（polysemy link）、次部分连接（subpart）、实例连接（instance）和隐喻性（metaphorical extension）连接。（Goldberg，1995：74–81）

Composite Structure: Caused-Motion + *sneeze*:

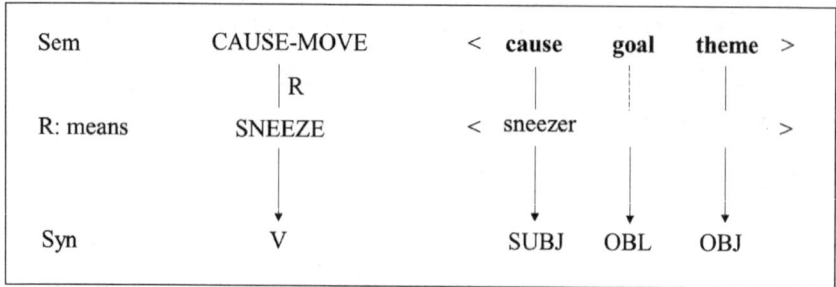

Sem	CAUSE-MOVE		< **cause**	**goal**	**theme**	>
	R					
R: means	SNEEZE		< sneezer			>
	↓		↓	↓	↓	
Syn	V		SUBJ	OBL	OBJ	

图 2.6　包含动词 sneeze 的使动构式的合成结构

在 Goldberg（1995）中，使动构式和结果构式被作为两种独立的构式分开讨论，前者的基本构式义为"X 使得 Y 移动 Z"（X CAUSE Y to MOVE Z），后者的基本语义被描述为"X 使得 Y 变成 Z"（X CAUSE Y to BECOME Z），后者是前者的隐喻性扩展，"以移动到一个新的位置理解状态变化"（Goldberg，1995：83）。该隐喻涉及的映射为：

移动（motion）　　→　　变化（change）
处所（location）　　→　　状态（state）

两种构式的关系可以图示为图 2.7：

如图所示，隐喻性扩展属于一种继承连接。状态改变作为位置移动解释了二者之间的语义关系，结果构式的句法特征也从使动构式继承。

Goldberg 和 Jackendoff（2004）采用了 Boas（2003）的做法，把使动构式和结果构式统一称为结果构式，在构式语法的理论视角下，分析了英语中的结果构式家族。这个家族的成员通过相关联但不相同的句法和语义统一在一起。两位作者采用了通行的标记法，描写了各个家族成员的句法和语义，将之用作允准各种具体结果构式的原则。在语义上，一个结果构式的语义由构式子事件和动词子事件两个子事件构成。构式子事件取决于构式，动词子事件由动词决定。构式子事件的语义论元结

Caused-Motion Construction

Sem	CAUSE-MOVE	<	**cause**	**goal**	**theme**	>
	PRED	<				>
Syn	V		SUBJ	OBL$_{PP}$	OBJ	

(e.g., "Joe kicked the bottle into the yard.")

I$_M$: Change of State
as Change of Location

Resultative-Construction

Sem	CAUSE-BECOME	<	**agt**	**result-goal**	**pat**	>
	PRED	<				>
Syn	V		SUBJ	OBL$_{PP/AP}$	OBJ	

(e.g., "Joe kicked Bob black and blue.")

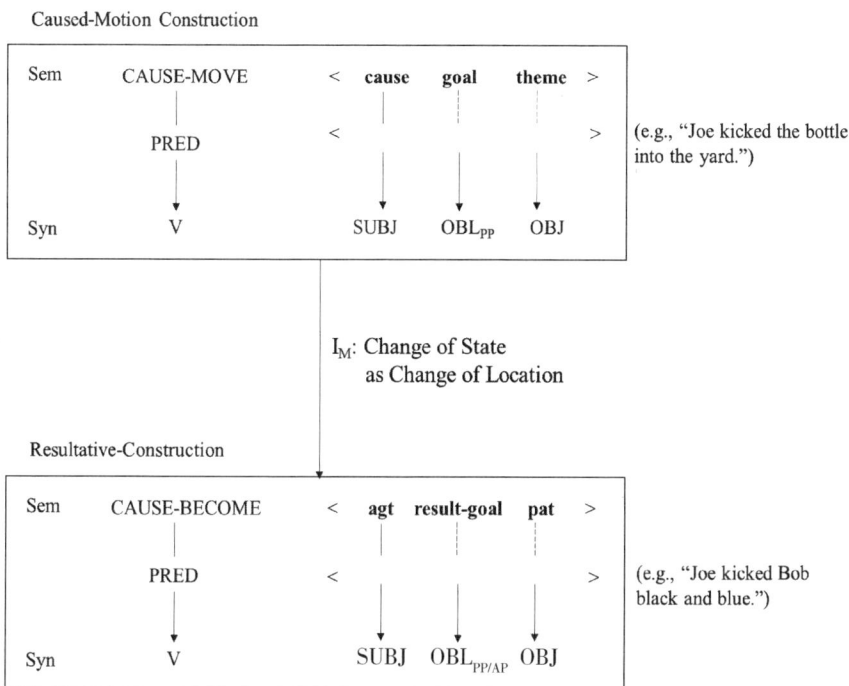

图 2.7 使动构式与结果构式的关系

构决定整个句子的句法论元结构，二者通过论元连接建立联系。

（17）a. 致使特性结果构式

句法：NP1 V NP2 AP3

语义：X1 CAUSE ［Y2 BECOME Z3］

手段：［VERBAL SUBEVENT］

例句：Willy watered the plants flat.

b. 非致使特性结果构式

句法：NP1 V AP/PP2

语义：X1 BECOME Y2

手段：［VERBAL SUBEVENT］

例句：The pond froze solid.

c. 致使路径结果构式

句法：NP1 V NP2 PP3

语义：X1 CAUSE［Y2 GO PATH3］

手段：［VERBAL EVENT］

例句：Bill rolled the ball down the hill.

d. 非致使路径结果构式

句法：NP1 V PP2

语义：X1 GO PATH2

Ⅰ. 手段：［VERBAL SUBEVENT］

Ⅱ. 结果：［VERBAL SUBEVENT：X1 EMIT SOUND］

Ⅲ. 结果：［VERBAL SUBEVENT：X1 DISPPEAR］

例句：The ball rolled down the hill.

The trolley rumbled through the tunnel.

The witch vanished into the forest.

从上面的举例可见，动词子事件的语义以手段或方法（Means）为主。除以上所列举的类型之外，Goldberg & Jackendoff（2004）还讨论了英语中边缘型和特异型的结果构式，认为一些特异的实例和小的次类能产性极低或几乎不具有能产性，必须单个学习和存储。

虽然 Goldberg 的论元结构分析法在对包括英语结果构式的结构分析方面显示了强大的解释力，但是也面临诸多质疑（Langacker，2005b；Boas，2003；牛保义，2011a；等等）。第一，动词的意义和构式的意义难以严格区分。（Langacker，2005b；Iwata，2005）第二，Boas（2003）通过语料证明，像 sneeze, talk, cough, laugh（如：Parry complained that someone coughed on his backswing and another dropped a chair a few holes later）这样的动词在使动构式之外也可以表示移动，所以，在这些动词出现的使动构式中，把受事和目标论元视为由构式贡献的观点是多此一举。第三，为了强调构式的作用，Goldberg 关于存在由部分词汇填充的构式实例的说法太过保守，调查结构显示，在结果构式中，这种

情况占多数。（Boas，2003：117）

（二）结果构式的框架语义分析（Boas，2003）

在 Fillmore（1982；等等）框架语义学理论的基础上，Boas（2003）通过纳入语言使用中的时空信息，建立了关于动词的事件语义框架，将之用于分析英语结果构式的分布。

一个事件语义框架包含台上信息（on-stage information）和台下信息（off-stage information）两种类型的信息。台上信息为传统意义上的词汇意义，是与语言直接相关的事件信息，包括事件的典型参加者等信息。如 run 的台上信息包括（1）跑者（runner），和（2）从一点到另一点的能量移动。台下信息是世界知识的一部分，言语社区成员默认地把它与单词联系在一起，所以，它们是不言而喻的信息。如 run 的典型意义包括的台下信息有：跑要用腿和脚，人们一般穿鞋跑，跑时要耗费能量等。一般的世界知识也是典型的台下信息，它们与语言没有直接关联，如关于什么是 run，paint 等的知识，但是，在一定的语境下，为了允准非典型的事件参加者，说话人可以使世界知识与语言产生关联，从而使它们在语言中显性体现。

允准是事件语义框架的应用，表现为说话人如何运用事件语义框架来允准结果构式的分布。根据结果构式中动词后的成分与动词事件框架的关系，作者把结果构式分为规约化的结果构式和非规约化的结果构式。通过联系规则（linking rules），即动词的事件框架与句法结构之间的映射关系，规约化的结果构式由动词的事件框架语义直接允准；而非规约化的结果构式的允准取决于说话人在规约化的非结果构式与规约化的结果构式之间建立起来的类比。

该分析方案具有四个优点：第一，建立的事件语义框架对英语结果构式的分布做出了统一解释。第二，事件语义框架具有跨构式和跨语言的解释力。第三，事件语义框架与其他流行的构式理论和事件语义框架理论具有互补性。第四，书中观点对语言习得提供了重要参考。

主要不足有三点：第一，该书是一项认知取向的研究，但是，作者却没有提到 Langacker（1987，1991，2003，等等）关于构式的观点。这不能不说是一个明显的不足。第二，没有阐明各种类型的英语结果构式之间的关系。英语中的结果构式是一种复杂的语言现象，各种类型之间在规约性上存在区别，在语义上存在着一定联系。作者没有把它们之间的关系理清楚。第三，在分析各种类型的英语结果构式的允准问题时，作者没有对动词进行必要的概括。作者强调了动词在语义上的个性，却忽视了出现于同一种类型的结果构式中的动词的共性，所以给人一种见树不见林的印象。其实，作者在第六章谈到了动词类别的概括性问题，可在具体的分析中却没有必要的照应和落实。

第二节　汉语结果句式研究

在汉语的动结式研究中，历时和共时的成果都很丰富（如石毓智，2003；梅祖麟，1991；曹广顺、遇笑容，2006；冯胜利，2005；马真、陆俭明，1997；袁毓林，2001；郭锐，1995；施春宏，2008；宋文辉，2007；王红旗，1995；李临定，2011；等等），因为我们的研究定位在共时层面，下面分别在共时层面从句法研究、配价研究和构式语法研究三个方面进行综述。

一、句法研究

关于动结式句法结构的研究，Sybesma（1999）和 Huang，Li & Li（2009）代表了两种主要的观点。

（一）Sybesma（1999）

Sybesma（1999）将汉语的动结式与英语类比，提出用移位或插入法来描写汉语中的两种动结式。

（1）张三哭得手帕湿了。

（2）张三哭湿了手帕。

结果谓词的作用是，通过明确事件的终点，把无界的述谓结构转化为有界的述谓结构，因此，他认为，汉语动结式包含一个介于母句和结果小句（SC）之间的程度短语（Extent Phrase，简写为 ExtP）投射。以上两个句子的结构表示为：

（3）张三【VP 哭【ExtP ExtP0【SC 湿了手帕】】】。

移位和插入呈互补分布，二者必具其一。默认操作是移位。如果要阻止移位，就插入一个没有意义的假位"得"。

（二）Huang，Li and Li（2009）

在 Larson（1988）的框架里，通过与英语的结果句式建立平行关系，"张三哭湿了手帕"这句话的树形图如图 2.8 所示。

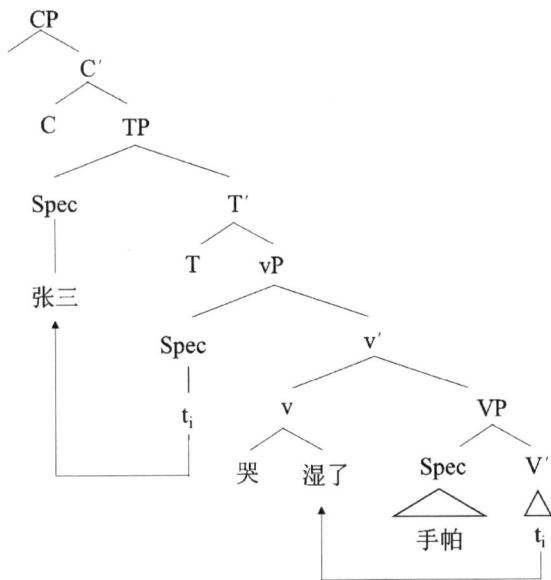

图2.8　带 vP 壳的树形图

　　"哭"和"湿"分别是外部 vP 壳和内部 VP 的核心。VP 的中心成分"湿"向上移位加入外部 vP 的中心成分组成复合结构，一块儿给处于内部 VP 标志语位置上的名词分派题元角色。

　　"得"被视为一个词缀，直接附着在第一个动词上，这样，"张三哭得手帕湿了"这个句子即可通过图 2.9 所示的树形图得以生成。

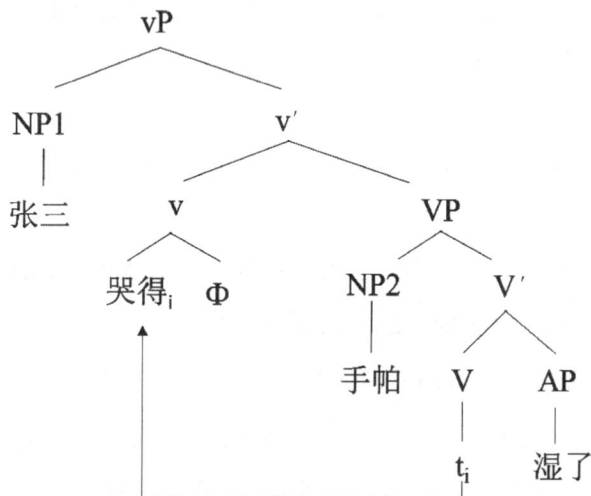

图 2.9　带"得"的结果句式树形图

　　以上两种句法结构描写为汉语动结式的生成提供了简约明晰的方法，但是，汉语动结式的复杂性对移位和插入法提出了挑战，显然，除了进行选择性的处理，它们还不足以处理动结式在多种句式中的分布现象。

二、配价研究

　　关于汉语动结式的配价研究，我们选取施春宏（2008）和宋文辉（2007）的研究为代表。

　　（一）施春宏（2008）关于动结式论元结构和配位方式的研究

　　在袁毓林（1998）配价思想的基础上，施春宏（2008）从论元结构和配位方式两个视角出发，综合运用形式和功能理论，结合历时和共时的描写，对动结式的句法和语义特点进行了深入系统的探讨。根据动结式的语义结构类型，动结式被分为致役类、自变类、评述类三类，其中致役类为典型动结式，是作者着重探讨的类型。

参照 Li（1990），施春宏（2008：39）将动结式的语义关系描述为：

$$VR（\cdots）<=>\ [\,V（NP_1/NP_2/\cdots）\,]\ CAUSE\ [\,R（NP \rightarrow RP）\,]$$

VR 代表动结式，"（\cdots）"代表相关动词的论旨网格，反映论元结构与句法结构之间的投射关系，→表示 NP 状态的变化。

在该式中，充当致事的 NP 是 V 所支配的论元中的一个，可以是主体论元，也可以是非主体论元，/表示可选项。例如："燃烧弹烧焦了一些碎石"（致事为主体论元）和"这种书把孩子看傻了"（致事为非主体论元）。

参照动结式中述语动词的论元和补语动词的论元的句法地位，施春宏（2008：83）提出了动结式论元整合的倾向性原则：

界限原则（Boundary Principle）
由于受动结式语义关系的制约，述语动词和补语动词之间似乎存在着一个句法界限，限制着动结式中底层论元的提升方式和提升上来后论元的性质、结构位置及同指论元的叠合方向。

该原则的思想内容至少包括以下四项：（1）V 和 R 之间存在着一个隐性的句法界限，影响着底层论元向高层结构投射的过程①；（2）当

---

① 底层论元指述语动词所带的论元，因为在该方案中，动结式中的述语动词和补语被称为底层成分，述语动词所具有的及物性关系被称为底层施受关系。高层结构指动结式中的致事和役事之间的及物性语义关系。（参看：施春宏，2008：59 – 61）

底层动词没有同指论元时，V 的论元向界限之前提升，R 的论元向界限之后提升；（3）如果底层有同指论元，则需要叠合，叠合的方向由双重凸显关系（高层致役关系和底层施受关系）来决定，主体论元叠合后提升到界限之前，成为动结式的致事；其他论元叠合后提升到界限之后，成为动结式的役事；（4）当 V 的客体论元跟 R 的论元不同指时，需要在拷贝动词的帮助下提升到动结式之前。

根据界限原则，遵循袁毓林（1998）提出的动词配价分析的方法，施春宏先生概括出动结式的论元结构整合类型计 19 种见表 2.1。（施春宏 2008：107）

表 2.1　动结式论元结构整合类型

指称关系	整合类型	动结式类型	其他论元关系	基础句的句法配置
主体同指	$V^1 + R^1$	a."站累"类	V 和 R 无客体论元	S + VR
		b."睡醒"类		
	$V^2 + R^1$	"洗累"类	客主异指	S +（V + VP）+ VR
	$V^2 + R^2$	"听懂"类	客体同指	S + VR + O
	$V^2 + R^2$	"倒赔"类	客体异指	S +（V + NP）+ VP + O
	$V^3 + R^1$	"送晕"类	客体异指	S +（V + NP$_1$ + NP$_2$）+ VR + O
	$V^1 + R^2$	"跑忘"类	V 无客体论元	S + VR + O
主体异指	$V^1 + R^1$	"哭湿"类（含"哭瞎"类）	V 和 R 无客体论元	S + VR + O
	$V^2 + R^1$	"点亮"类（含"骂昏"类）	客主同指	S + VR + O
	$V^2 + R^1$	"砍钝"类（含"唱哑"类）	客主异指	S +（V + NP）+ VR + O
	$V^3 + R^1$	"教笨"类	客主同指	S +（V + O$_2$）+ VR + O$_1$
	$V^3 + R^2$	"教会"类	客主同指	S + VR + O$_1$ + O$_2$

指称关系		整合类型	动结式类型	其他论元关系	基础句的句法配置
指动式	R未虚化	$V^1 + R^1$	"走晚"类	补语动词以述语动词为主体论元	$S + VR$
		$V^2 + R^1$	"吃早"类		$S + (V + NP) + VR$
		$V^3 + R^1$	"教迟"类		$S + (V + NP_1 + NP_2) + VR$
	R已虚化	$V^1 + R$	"站住"类		$S + VR$
		$V^2 + R$	"抓住"类		$S + VR + O$
		$V^3 + R$	"教完"类		$S + VR + O_1 + O_2$
述语动词有役格和作格两种用法			"气死$_1$"类	客主同指	$S + VR + O$
			"气死$_2$"类	无客体论元	$S + VR$

这些整合类型构成了动结式的 19 种基本句式，进一步概括为两大类，一类为非拷贝句，另一类为拷贝句：

（4）$S + VR (+O)$ 或 $S + VR (+O_1 + O_2)$

（5）$S + V + NP + VP (+O)$ 或 $S + V + NP_1 + NP_2 + VP$

这两种基础句式代表了论元提升的不同路径，呈互补分布。在遵循界限原则的前提下，将底层所有论元都提升到动结式的论元结构中来，直接提升或叠合后提升产生的句式是（4），同时用动词拷贝式提升得到（5）。它们是动结式的配价计算的依据。动结式的配价描写采用配价层级的观念，分为元（无须拷贝式提升的论元）、结（借助拷贝动词提升的论元）和系（提升的所有论元，是元和结的和）这样的层级系统，来计算动结式的配价，系统描写各类动结式的配价层级。在此基础上，通过在不同层次处理移位、添加、删除等句法手段派生出被字句、把字句等各种句式。

该研究堪称最近十多年来关于汉语动结式最全面和最系统的研究专著之一。不过，我们认为，该研究还存在以下几点显而易见的值得进一步探讨的空间。第一，没考虑动趋式。第二，对评述类动结式的分析语焉不详。第三，关于基础句中包括拷贝动词句的说法值得商榷。第四，跨语言和跨语言变体的证据不够充分。

（二）宋文辉（2007）基于概念结构的动结式配价分析

基于 Talmy（1985，2000）提出的事件的概念结构，宋文辉（2007）认为，概念结构构成了人们针对不同事件在头脑中形成的理想化认知模型（ICM）（Lakoff，1987），体现于动结式的整体语义句法表征。依据概念成分的凸显程度，可以探讨动结式价数、价质、价形、价位的规律。其中，价数表示动结式关联的论元的数量，价质表示论元充任的题元角色，价形表示论元的形式，价位表示论元充当的句子成分或所处的句法位置。

Talmy（2000）提出的关于事件的概念结构中，与汉语动结式有关的有运动事件、变化事件和阔时事件三类，其中运动事件是基础性事件，另外两种事件类型都可视为运动事件的隐喻性扩展。[①]

根据 Talmy（2000），一个表达运动事件的动结式其概念结构包括四个成分，分别是：[②]

图形（figure）：相对于另一个物体［背景（ground）］移动或定位的物体；

背景（ground）：一个参照物体，图形相对于它而运动的参照物体；

运动（motion）：事件中运动或位置本身；

路径（path）：图形相对于背景而遵循的路径或占据的位置。

[①] 这种扩展关系并不预设运动事件类型出现的时间最早，反映一种历史先后顺序，它反映的是一种逻辑先后，表示运动事件最为基础，其他两种类型是它的自然扩展。（参看：沈家煊，2008）

[②] figure 和 ground 在原文里被译为"凸体"和"衬体"，这里采用目前学界更为通行的"图形"和"背景"。

例如，在（6）

（6）约翰走进商场。

表示的运动事件中，"约翰"是图形，"商场"是背景，运动用 MOVE
表示，"走"表示运动的方式（manner），"进"表示路径。

　　动结式的配价研究，就是"揭示动结式概念结构中概念成分显现
的规律"（宋文辉，2007：49）。概念成分的显现关联的主要因素是其
自身的凸显性和句法位置的凸显程度，概念成分与句法位置之间呈现出
象似关系。（Haiman，1985）据此，宋文辉（2007）提出了四条概念显
现的原则：第一，凸显程度高的概念成分优先显现。第二，凸显程度高
的概念成分独立显现。第三，凸显的概念成分与凸显的句法位置匹配。
第四，凸显的概念成分采用比较凸显的表达形式。

　　一个动结式的概念结构包括主事件和副事件。主事件构成事件的基
本框架，其中的路径和背景决定事件的时间和空间的位置，是事件概念
上的核心。副事件不如主事件凸显，其自身也是一个运动事件，主要功
能是表示主事件中运动的方式和使因。例如：

　　（7）我把汽车开进了车库。
　　【我 AMOVE 汽车 INTO 车库】主事件 + 【我开汽车】副事件

　　在主事件里，"我"是使事，"汽车"是图形，"车库"是背景，
AMOVE 表示"使动"，"进"是路径。副事件中的概念成分"开"与
主事件里的"AMOVE"合并显现为动词"开"，出现在主事件和副事
件中的"汽车"合并，在动结式里显现为"汽车"。

　　（8）我打碎了杯子。
　　【我 AMOVE 杯子 INTO 碎】主事件 + 【我打杯子】副事件

这是一个使动变化事件，使事"我"和图形"杯子"独立显现，路径与背景合并，显现为动结式的补语。

（9）我们吃起来了。

【我们吃 MOVE INTO 起来】主事件 +【我们吃】副事件

在阔时事件中，主事件的"图形"本身是一个事件，在上例中，图形是"我们吃"，"起来"廓定这个时间的时体，整个句子表达"我们吃"这个事件进入"起来"（"开始"）这种状态。"我们"作为主事件图形的组成部分本身不凸显，因为与副事件中的"我们"同指，故二者合并显现为句子的主语。主事件中图形的组成部分"吃"和副事件中的"吃"合并再与主事件中的 MOVE 合并显现，做动结式中的动词。

在概念结构中，主事件和副事件必须有足够紧密的联系，一类概念成分只能出现一次。如：

（10）＊他把杯子打碎在地上。

【他 AMOVE 杯子 INTO 碎 TO 地上】主事件 +【他打杯子】副事件

上例中的"碎"和"地上"都是背景，属同类概念成分两次出现，因此句子不合法。

综观本研究，我们认为以下三点值得再探讨：

第一，扩展保证了对不同句子类型的动结式的统一分析，同时也在某种程度上消除了个性。再者，扩展观也在某种程度上受到质疑。（如王寅，2009 等）

第二，对有些特殊语言现象的处理没有体现出它们的特殊性，如在对"我教会了他数学"的分析中，有两个问题是悬疑的：一、为什么在主事件中的背景"他会"在动结式中会分开表达，"他"与副事件中的"他"合并显现为间接宾语，而"会"跑到了"他"前面与"教"合并构成补语。二、间接宾语可以理解为目标或终结点，"会"也是终结点，因此就违背了同类概念成分不能出现两次的限制。

第三，有的分析比较主观。如下面几例（宋文辉，2007：71）：

(11) a1. 我把油条炸好了。　　a2. ？油条被我炸好了。

　　　 b1. 我把油条炸焦了。　　b2. 油条被我炸焦了。

文中给出的解释是：a2 中的图形"油条"受影响程度低，因此这个概念成分与"被"字句匹配不合法，因为"被"字句要求与凸显程度更高的概念成分匹配。b2 中的"炸焦"的图形受影响程度高，因此能成为注意的焦点，所以与"被"字句匹配合法。（宋文辉，2007：71－72）

由此可见，被字句要求图形具有高凸显度，图形凸显度的高低是由受影响程度决定的，受影响程度是由动结结构决定的。但是，分析中同时指出，a1 中的图形凸显程度非常高，因此与"把"字句匹配合理。同一个图形，怎么就会在"把"字句中凸显度非常高，而在"被"字句中因为受影响程度低而变得凸显度低了呢？

三、构式语法研究

以构式语法为理论视角，王寅（2011b）分四章（第七章到第十章）讨论了汉语中的结果构式。他从概念化的角度，将动结式的概念结构描述为三部分：①施事性次事件；②动作性次事件；③结果性次事件（图2.10）。

| 张三打 | 打李四 | 李四流血 |

图 2.10　动结式的概念结构

这三个事件包含四大要素 A、B、C、D，对应的动结构式内部的句法成分、语义角色、原型用法和主要变化构成一个构式分析流程，如图 2.11 所示。

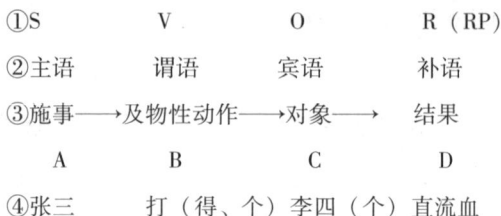

①S   V   O   R（RP）

②主语   谓语   宾语   补语

③施事——及物性动作——对象—— 结果

  A   B   C   D

④张三 打（得、个）李四（个）直流血

图 2.11　构式分析流程

图 2.11 中包括十二个变化点：①生命体/非（A 可以为生命体，也可以为非生命体；②施事/非施事（A 可为施事，也可为非施事）；③及物/不（B 可为及物动词，也可为不及物动词）；④BD 构式（指汉语中经常使用的 A <u>BD</u> C 动结构式，如：小明写好了这封信）；⑤兼语构式（被认为汉语动结构式的原型，如：这件事使我很着急）；⑥受事/非受事（C 为 B 的受事，也可不是，如：哭坏身体）；⑦省去（C 可省去，即 B 可用不及物动词。如：打得痛快；看个够；笑不够）；⑧"把"字句（罗纳尔多把球踢进了）；⑨动词/形容词 [D 可以是动词，也可以是形容词，如：推翻（D 为动词）；洗干净（D 为形容词）]；⑩不及物/及物（D 可及物，也可以不及物，主要为非自主性不及物动词）；⑪拷贝式；⑫语义指向（D 的语义指向主要有四种：a. 语义指向动词后的参与者，如：妈妈洗干净了衣服；b. 语义指向谓语动词前的参与者，如：他洗衣服洗得满头大汗；c. 语义指向前后两个参加者，如：她嫁错了人；d. 语义指向句外的环境，如：她洗衣服洗得太阳都下山了）。

王寅（2011b）着重研究了 BD（VR）构式和拷贝动结构式。

BD（VR）构式被认为是汉语结果构式的典型类型。构式中的 D 可以是形容词，如"写对、拉紧、养好"等；（参看：马真、陆俭明，1997）可以是动词，形式为 V1 + V2，可分为七种情况：①及物动词 + 及物动词，如"教会、学会、听懂"等；②及物动词 + 不及物动词，如"洗累、刮倒、拿走"等；③不及物动词＋及物动词，如"玩忘、跑忘"；① ④不及物动词＋不及物动词，如"哭湿、坐累、睡醒"等；⑤动词＋成/见/到，如"来到、遇见、改成"等；⑥动词＋过/了，如"说过、吃了、吃过了"等；⑦动词＋趋向动词，如"拿出、拿出来、拿出去"等。

趋向动词连用时，遵循以下三个原则：

第一，先大后小、先远后近的原则。

（12）他走进教室来。

"进教室"是由远及近，"来"是靠近身处教室里的说话人。

第二，顺序象似性原则。

【　】塞【　】进【　】来【　】

在上面的格式中，受事宾语可以插入任何上述槽位，于是，可构成如下四种表达式：

（13）a. 一个纸条塞进来。

　　　b. 塞一个纸条进来。

　　　c. 塞进一个纸条来。

　　　d. 塞进来一个纸条。

根据顺序象似性，可以给出不同的解读。

第三，先过程后结果原则。

---

① 在"跑丢了钥匙"中，"丢"为不及物动词。如果"跑"和"丢"二者主体同指，"跑丢"应该为不及物动词，比较"坐累、睡醒"。我们同意王先生将这里的"丢"视为作格动词的意见。

（14）a. ＊走教室进来。

　　　b. ＊走进来教室。

这两个句子不合法，原因就在于它们违反了以上三原则。

关于动词拷贝式，石毓智（2006），邓云华、石毓智（2007）等根据动结式中补语的语义指向，总结出关于汉语 A B D + C（做宾语）的一条规则：若 D 的语义指向主语时，一般不能直接带宾语，而必须用动词拷贝式才能引入宾语，即必须用 A B C + B D 构式，即使能带宾语，也仅限于几个特定的动词，有限的几个宾语，如"喝醉酒，吃饱饭"，并且不具有能产性。

王先生质疑了这些观点，通过实际语料反证发现：在动词拷贝句中，D 的语义既可指向主语，也可指向宾语（如：孩子还小，拉门拉不开）；在 AB<u>D</u> C 结构中，D 的语义指向 A 的用法也不是"只限于几个特定的词汇"，如："他看够了书""他玩够了车""我想死你们了"；等等。

在此基础上，参照构式语法关于构式之间关系的传承观（Goldberg，1995，2006），Talmy（1985，1988，2000）的力动态模型，Lakoff（1987）的形式空间模型，Langacker（1990，1991，2008 等）的弹子球模型、舞台模型和常规事件模型，王寅（2011b）提出"事件域认知模型（Event - domain Cognitive Model，简称 ECM）"，运用该模型和多重传承（Multiple inheritance，简称 MI）对汉语拷贝句做出了全面的解释。汉语拷贝句的 ECM 分析图如图 2.12 所示。

图 2.12 中 Action（行为，简称 A）和 Being（事体，简称 B）构成 EVENT（事件，简称 E）的两大核心要素。一个行为可包含若干子行为（A_1，A_2，…，A_n），一个事体可以包含若干个体参与者（B_1，B_2，…，B_n）。X、Y 表示一个行为或一个事体带有的特征性或分类性等信息，形成行为和事体两大集丛。R 为结果详释位（e - site）（参看：Langacker，1987a：8.3，2013：7.3；Taylor，2002：12.2；等等），属

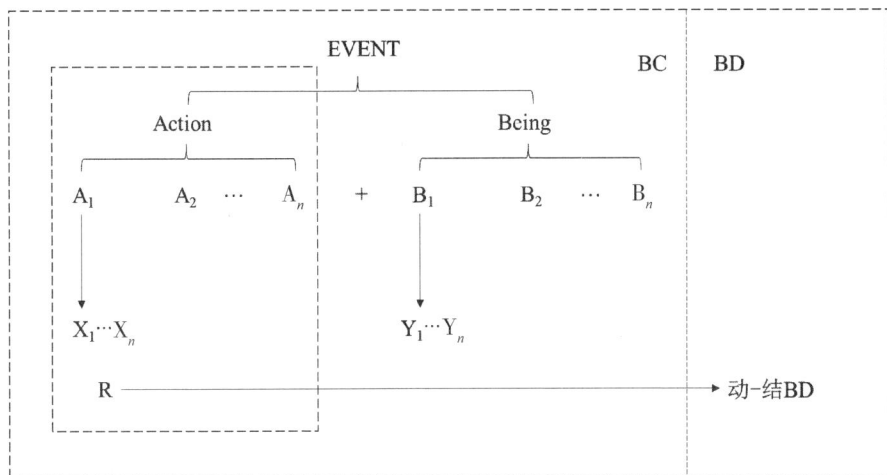

图 2.12　汉语拷贝句 ECM 分析图

于行为 A 的附属要素。BC 表达一个完形，对应的语法化形式"【S V O】（【施 动 受】）"形成一种基本的表达形式后，为了在此基础上表达该事件的结果，就以 BC 为参照点，引出事件集丛中的"BD（动结）"概念体，接于【施 动 受】之后，于是就演变出 A BC + BD 拷贝式。

汉语拷贝式是兼顾 BC 和 BD 的产物，所以，它是从 ABC 和 BD 等构式多重传承相关信息的结果。拷贝式的多重传承关系可以表示为图 2.13 中①~⑮点为传承的相关信息。

①阻断 ABC 部分的否定信息

正常的 ABC 有对应的否定句，这一否定用法在向拷贝式传承过程中被阻断了，所以，这一部分只能提供否定信息，否定出现在 BD 部分，如"他看书看不烦"。

② BC 多为动宾关系，且双音化

这一点得到了来自语料统计的支持。

③阻断非及物用法

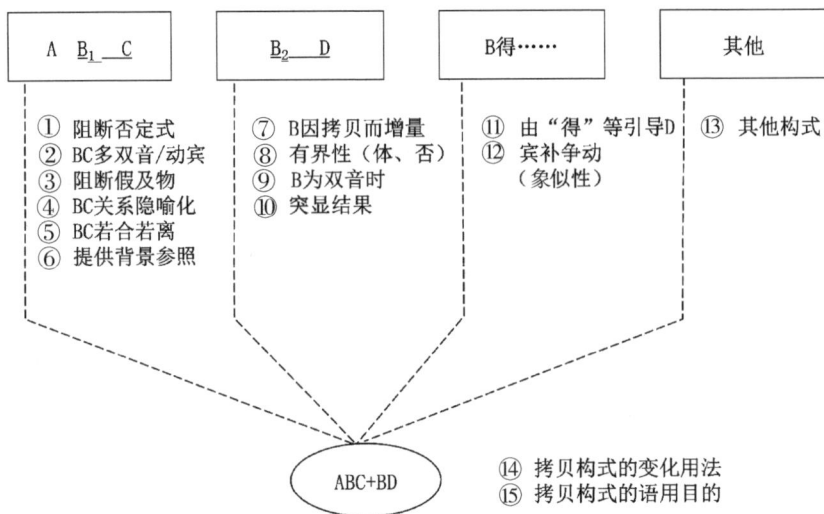

图 2.13　拷贝句多重传承关系

在 AB<u>DC</u> 中，C 可以是假宾语（Fake Object），如"哭湿了手帕",① 但在拷贝式中，C 一般要为真宾语，"假宾语"情况非常有限，一般为及物动词，如"跳舞、睡觉、摔跤"等。

④BC 关系隐喻化

在"双音节"韵律机制的控制下，BC 关系可以从"动作＋对象"扩展到动宾关系不明显的结构，如"跳水、跑步"等，或联合关系，如"洗澡、游泳、管理"等。

⑤ BC 若合若离

BC 之间的关系既要合得起来，又要拆得开，例如"复习、注意、失言"等，因为不能拆开使用，不能用于拷贝句。

⑥ BC 提供背景化信息

"BC 所描述的概念范围大于 BD，前者为后者提供认知参照点，后者隶属于前者，是基于前者形成的目标。"（王寅，2011b：293）

---

① 这里的假宾语是从动词"哭"来定义的，但对于整个动结式来说，情况应该不是这样的。

⑦ B 因拷贝而增量化

根据数量象似性，语符量的增加带来概念数量的增多。拷贝式具有数量增多之意，强调了 B 的延续性和反复性。其实，在很多情况下，拷贝的 B 表示过度行为，引起的结果具有偏离义，如"跳水跳累了""他吃苹果吃饱了"。

⑧ BD 的有界化

在 BD 中，D 表示结果，从而明确了前面动作过程的范围界限，使其具有了有界化的特征。[1]

⑨ B 为双音时的重复情况

在原型拷贝式中，B 大多为单音节动词，但有时也可能为双音节动词（包括 C 也可能已成为 B 的一部分，即昔日的动宾结构逐步演变为一个固定动词），此时的拷贝情况有三种：a. 拷贝整个谓语动词 B（如：你伤害他的感情也伤害得太深了）；b. 拷贝谓语的第一个成分（如：不管他们考试考得如何好，大部分老师都只给他们 3 分）；c. 拷贝谓语的第二个成分（如：他们说笑得肚子都痛了）。

⑩结果突显性

拷贝动结式含动作"量多"且"延续"或"反复"，在动作增量的基础上产生了一个结果，这个"结果"的语义也就自然得到了强调。

⑪由"得"等引导 D

拷贝构式的结果补语 D 可为单音节，也可为双音节和多音节，还可通过"得"字引导出来[2]。

⑫宾补争动（象似性）

汉民族的思维习惯更注重"动结关系 BD"，当 C 和 D 同时出现于 B 后时，D 因为相对于 C 具有更高的依附性，于是能够插入 BC 之间，这就是 ABD C 结构形成的原因，它体现的是顺序象似性让位于距离象

---

[1] 这里的有界化不同于作为表达式认知机制的有界化，后者表示一个完整的概念的有界化，概念经由有界化才可以被识别和理解。（刘辰诞，2008）

[2] 在朱德熙（1982：125–126）中，这种结构被称为组合式动补结构。

似性。拷贝句反映的是兼顾 BC 和 BD 的一种语言组织策略，体现了顺序象似性，因为 BC 总是出现在 BD 之前。

⑬与其他构式的关系

汉语拷贝句有多种变式，这一方面说明汉语表达的丰富性，另一方面也说明，构式不能独立存在，而是相互依存的，构式之间形成了一个纵横交错的网络体系。（王寅，2011a：第六章和第十四章）

⑭拷贝构式调变性用法

拷贝构式多以独立分句形式出现，同时也可以在句子中做句子成分，如"管理管到位，才算真领导"（主语），"管理管到位的领导，才是真正的领导"（定语），还可以其他的形式出现。

⑮拷贝式的语用功能

拷贝句强调结果；传递增量信息；在一个句子里兼顾事件本身 BC 和事件结果 BD，充分体现了"用较少文字传递较多信息"的经济原则，简洁明了；拷贝式多出现于口头语言，有时也出现在书面文体中，但在正式程度高的文体中使用受到限制。

王先生这项研究对相关的汉语结果构式做出了精细的描述，并从认知角度给出了解释。但是，我们认为，在以下几方面尚有进一步探讨的必要。

第一，V 得句式作为动结式构式的典型类型似缺乏明确的标准。

第二，"吃饱饭"是一种比较特殊的动结构式，不宜作为代表来分析【A B D C】构式（王寅，2011b：243）。

第三，拷贝结果构式的语用功能独立于句法关系和语义分析的观点与认知语言学将词汇、词法和句法视为连续体、模糊语义和语用之间的界限的观点不符。我们认为，一个句式语用/功能动因与结构密不可分，二者可相互验证。

第四，BC（V_1O）和 BD（V_2R）在构式中的地位值得进一步探究。既然"该构式考虑到动作事件本身（BC），也兼顾到动作所引出的结果（BD），主要传递了动作的增量性和结果"（王寅，2011b：315），那么，既然兼顾动作事件本身（BC）和动作所引出的结果（BD），为什么后者更重？再者，根据以上分析，R 为行为集丛层面的详释位，那么，根据认知语法概念整合的规定性，详释位要么是补足成分，要么是中心成分，如果它是补足成分，整合之后就不可能成为中心成分。这里的问题是，作为详释位的 R 是中心成分还是补足成分，BD 的中心成分地位如何在整合中得以确立？

第三节　英汉结果句式认知对比研究

英汉结果构式的对比研究相对于在单一语言内的研究较少，可见于王寅（2009，2011b），彭国珍（2007），罗思明、王文斌、洪明（2010），罗思明（2009）等。罗思明（2009）为一项综合研究的力作，我们在下面专节述评，然后，简要综述英汉结果句式近十年的对比研究研究状况。

一、罗思明（2009）

为了以静态和动态相结合的方式探索汉英动结式的异同及其认知功能动因，罗思明（2009）借鉴 Goldberg（1995，2005，2006）论元构式路向和邵敬敏（2007）的立体语言观，提出整合连接理论模式：认为任何句法结构都是语言演变过程中基于语言内外要素历时和共时演变的产物，是语音、形态、语义、语用、认知、文化等各种相关要素整合作用于客观世界和主观世界的句法化的结果，连接是相关要素之间互动互联作用的产物，整体是部分和整合方式之和。

该研究的主要发现有以下几点：第一，动结式是因果致使事件结构的语法化体现，遵循一因一果的认知倾向和直接可见关联的识解原则；各范畴成员构成具有不同典型性的家族构式。第二，动结式是语言内外要素互动制约整合的结果，其低层次语义关系、高层次语义关系、理想化认知模型和交际功能相互协调决定动结式的可接受性。第三，动结式的不同成分受到不同的语义制约：致事本质上是事件性的，是使因事件成分在认知凸显和"转喻剪切"双重作用下按优先原则做出的选择，相对缺乏形式制约的汉语比英语享有更大的致事选择灵活性；具有语义特征【−谓词性】、【＋状态性】、【＋静态性】、【＋结果】、【−影响性】的动词不能进入英汉动结式的 V 位置；汉语动结式中的 R 具有单音节倾向；经历者不一定遵循 DOR（直接宾语限制）原则，而是由动结式的整合制约因素合力所决定的；英汉动结式中的补语具有不同的范畴属性和整合属性，英语动结式有 $R_{AP/PP/ADP/NP}$，而汉语动结式有 $R_{AP/VP/NP}$，但各类 R 的整合能力存在差异，从强到弱形成一个等级：$R_{AP} > R_{PP} > R_{VP} > R_{ADP} > R_{NP}$；VR 整合也具有不对称性和类型倾向性。第四，事件单一化限制和 R 的不同功能决定了动结式表达的不对称性；英汉动结式中的 R 具有"界化事件""标识经历者的最终状态"或"信息详解"功能，其中界化事件的 R 具有互补分布特征，如双宾动词中间接宾语的事件界化功能阻止了该类动词进入动结式。第五，英汉动结式的句法结构和连接存在异同。相同点：都拥有 SVOR、SVRO 和 SVR 语序。相异点：句法结构数量、地位不同和语序类型不同，英语有三类，汉语则有八类；英语中 SVOR 和 SVR 是非标记性的，而 SVRO 是标记性的；汉语中 SVRO、SVR 和"把"字句动结式是非标记性的，而 SOVR、SVOR、SV1OV2R 和 SVO1VRO2 是标记性的；英语动结式以间断语序为主，汉语动结式以连续语序为主。它们都遵循普遍连接规则和受制于自身结构、意义、功能、认知、语用和文化制约。

该著作中提出的方案对动结式的各成分和整体都给出了详尽的分析，定性和定量相结合，共时和历时相互参照，研究发现具有较为突出的类型学意义。但是，我们发现，该方案中至少还存在以下几点值得商榷和进一步探究的地方。

第一，不同类型的句式在分析的时候没有做出必要的区分，如被动句和受事主语句（话题句）（花瓶被打碎了/花瓶打碎了），把字句和主动宾补句等。

第二，关于联接规则的运用，对于特殊情况的动结句式说服力不是很强，操作似嫌简单。如在把字句的联接中，并不遵循连接规则1，因为经历者不处于宾语位置，根据文中的分析，它处于焦点位置。再者，"紧跟在谓词后的经历者在句法上是非凸显的"（249）这种说法也不符合宾语位置为第二突显或焦点位置的认知布局。

第三，关于补语 R 的整合能力，英汉具有明显差异，而文中得出的却是一个统一的等级：$R_{AP} > R_{PP} > R_{VP} > R_{ADP} > R_{NP}$。

第四，英语动结式的语序以间断为主，汉语动结式的语序以连续为主，该差别体现的语义差别有待指出和进一步求证。

第五，关于研究中被定位为例外的语言表达式的身份问题（如"高老师教会了我们音标"等），我们认为有进一步探讨的必要。

二、英汉结果句式近 10 年的对比研究

罗思明、王文斌、洪明（2010）采用认知功能理论，立足真实语料，从语料库和类型学角度重新审视英汉结果构式中 RAP 制约，发现：第一，以往研究未充分反映全部语言事实。第二，英汉结果构式中 RAP 制约存在异同：开放等级形容词可充当英汉 Control 结果构式①的 RAP，少数可进入汉语补语主语指向的 ECM 结果构式②，偶尔可进入汉语补语宾语指向的 ECM 结果构式；最大终点封闭等级形容词和非等级形容词可进入各类英汉结果构式；最小终点等级形容词可进入各类汉

---

① Control 结果构式（或 Control 结果补语结构）是指经历结果状态变化者是动词论元的结果构式，如" Tom wiped the table clean"。

② ECM 结果构式（ exceptional case – marking resultative construction 或 ECM 结果补语结构）是指经历结果状态变化者不是动词论元的结果构式，如"We worried ourselves sick"。

语结果构式，但少数可进入各类英语结果构式；RAP 具有单音节倾向；在结果构式 RAP 制约上，英汉语属同一语言类型；英汉结果构式的差异性主要体现在最小终点封闭等级形容词和开放等级形容词的制约程度、RAP 语义选择倾向和动形整合对称性上。第三，这种异同是范畴原型性、语言类型与认知识解协同作用的产物。

殷红伶（2011）认为，英语、汉语中都存在大量的动结式，它们不仅具有一致的整体构式义，而且在一些细节上也有很多共性。首先，英汉动结式中的结果短语既表示客体方位的变化，也表示性状的变化。其次，英汉动结式都有构式宾语为动词的非范畴化宾语（"假宾语"）的情况。当然，二者之间也有很多细节上的差异。首先，从动结式体现的名词论元与动词的关系来看，汉语的论元体现关系比英语复杂。例如，在不及物的英语动结式中，唯一的名词论元体现为主语，该名词既是动作的施动者，同时又是发生变化的客体。这也是汉语动结式论元体现的主要方式，但是汉语还允许其他方式。其次，英语动结式的变化结果既可以是有终的（telic），也可以是无终的（atelic）。而汉语动结式中的"结"一般只能是有终的，无终的结果用其他方法来实现。最后，从英汉的动结式语料中可以观察到，英语可以将"工具"概念融入动词中作为背景进入动结式，如 He hammered the metal flat 中的 hammer。而在汉语中，"工具"信息通常用显性的介词词组体现，如"他用锤子把铁皮敲平了"。

陈易（2012）在范畴化原型理论框架下，对比分析了英汉动结式中动词和双音节形容词补语的组配模式及其制约问题。作者发现，第一，英汉语中能够进入动结式"V + R_（AP 双）"的双音节形容词均受到［±生命性］、［±自控性］、［±自发性］、［±褒义性］四种语义限制。第二，英汉语中能够进入动结式"V + R_（AP 双）"的大部分动词都具有持续性。第三，英汉动结式中"V + R_（AP 双）"具有一定的相似性，首先表现在英汉两种语言中并非所有双音节形容词与动词组配成为动结式；其次，两种语言中某些双音节动词和形容词动结式组配能够做到一一对应。第四，英汉动结式中"V + R_（AP 双）"之间的差异性更为明显，具体体现在形容词及动词语义制约和范畴模式上。首先，英语中双音节颜色形容词及拟声词能够进入动结式，而汉语中这两类词均不能够进入动结式；其次，英语中能够进入动结式的双音节形容词不具备褒义趋势，而汉语中这种趋势极其显著；最后，英语双音节形容词的范畴模式较简单，相比之下汉语双音节形容词的句法范畴模式较为复杂。但是，该研究没有涉及两者之间的句法结构差异，也没有讨论单音节形容词和多音节形容词的情况。

张莘宜（2012）以语料库中的英汉动结式为对象，从类型学的角度对英汉动结句进行了较为深入的对比研究。作者发现，首先，英语三类语序中 SVOR 和 SVR 是非标记性的，SVRO 是标记性的，汉语八类语序中 SVRO、SVR 和"把"字句动结式是非标记性的，SOVR、SVOR、SV1OV2R 和 SVO1VRO2 和 SV1O1OV2RO2 属于标记形式。其次，就词序而言，英语动结式倾向间断词序，而汉语动结式则倾向连续词序。最后，语言类型的不同导致英汉动结式在致事选择上的不同，汉语比英语要更为灵活。

何玲（2013）在她的博士论文中，以 Goldberg（1995，2006）的构式语法为理论基础，以"增效①"为研究视角，以狭义英汉动结式这一致使复合结构作为研究对象，根据"义元组合"对其进行分类，并以 R 为对比参照点，通过"构式—句式"增效模式下的"增效图式"对英汉动结式义元组合（尤其是 R 的句法实现和语义指向）进行了统一分析，并在此基础上对英汉动结式进行了细致深入的对比分析。

她认为，英汉动结式的相同点有：（1）相同的认知基础和认知途

---

① "增效"概念最早由熊学亮提出，一同提出来的还有对应的"非增效"概念。他对 Goldberg 在 1995 年和 2006 年的两个构式定义进行了反思，认为"形式意义配对（form - meaning pairing）"和"不可预测性"是个悖论。为了解决这一矛盾，维持"所有的语言单位都是构式"这一定义，熊学亮提出一个较好的办法来实现理论和实践的最佳平衡，即把构式进一步分成增效构式和非增效构式两种。详见熊学亮（2008，2009）。

径体现出语言的认知共性；（2）相同的义元组合体现出相同的旁格宾语（被实现为核心论元的句法现象和非宾格动词相同的句法表现）；（3）英语反身类动结式可以在汉语动结式中找到语义对应。不同点有：（1）英汉典型动结式的句法结构分别是 VOR 式和 VRO 式。在象似性原则（iconicity）和其子原则时间序列原则（PTS）的共同作用下，英汉语典型动结式的句法结构本应都是 VOR 式，实际上汉语也曾一度出现过 VOR 式，但汉语双音化趋势使 R 与 V 的联系越来越紧密，汉语 VOR 式最终被 VRO 式取代。（2）汉语动结式中存在动作对象和受事分离的特殊现象。（3）汉语有拷贝式动结式而英语没有。（4）汉语中"累"动结式有歧义现象。（5）前述汉语动结式中一些特殊现象的原因共同导致了汉语动结式比英语动结式更加灵活和丰富。

魏薇、黄志芳（2017）在论述汉语动结式共时研究时，指出汉语与其他的语种对比研究不够。她们认为，因句法结构的差异，英汉动结式对比研究对汉语动结式的多样化表征的解释显得较为无力。前人研究大多把汉语动结式当作"特例"来处理，没有找到与汉语动结式同种类型的语言，因此从语言类型学层面上来讲，相关的研究结论和实践价值还存在一定局限性。

何伟、王敏辰（2019）认为，英语和汉语的动结式同样都表达因果致使关系，但是句法结构不同。他们认为，英汉语动结式的句法结构差异实际上反映了英汉民族的不同认知方式。英语中，动结式具有"施事主语＋主要动词＋［受事补语＋结果补语］"的结构，这种排列方式符合人们对客观世界的认知方式，即施事发起某一动作于受事之上，进而引起了受事的状态变化。同时，它也反映了英语民族更加注重事件的动作过程，体现了英语是一种以施事为导向的语言；相反，汉民族则更加注重事件的结果。一方面，"谓体＋谓体延长成分"的结构强调了事件的结果状态；另一方面，该结构也弱化了动作的施事，可以将施事隐性化，如"眼睛哭红了""鞋子踢破了"，等等。可见，汉语从这种角度来看是一种以受事为导向的语言。

可以看到，近 10 年来有关英汉动结式的对比研究文献数量较少，成果与单独的汉语动结式或英语动结式研究相比较为薄弱。已有的研究主要从英汉动结式的表征不同出发。这主要体现在英语动结式为 SVOR 式，结果补语 R 不影响动词 V 的句法位置。而汉语动结式是 SVRO 式，结果补语 R 与动词 V 一起连续出现，关系紧密结合成一个整体 VR。此外，英汉结果构式的形容词补语（简称 RAP）存在选择制约和语言类型差异，罗思明、王文斌、陈易等学者对这个问题进行了讨论。何玲则从增效角度对英汉动结式进行了对比分析。但是我们也可以看到，现有的研究还有很多方面值得深入讨论和进一步研究。

第四节　小　结

在以上的述评中，我们呈现了相关研究的主要观点，指出了一些值得进一步探究的地方。毫无疑问，这些研究提出了关于汉英语动结构式的诸多洞见，从不同的方向为我们打开了一扇扇大门，引领我们登堂入室，向我们展示了它们的面貌和本质，让我们看到了这两个构式家族的丰富、奇妙和复杂，在很大程度上扩展和深化了我们对它们的认识，为我们的后续研究奠定了坚实的基础。与此同时，我们也看到，任何研究都不是完备的，一方面，一项研究不可能面面俱到；另一方面，在所论所及之处，也不可避免地存在一些值得商讨的地方，正是基于这些所谓的不完备，我们才有可能开展自己的研究。

除了上述谈到的有待进一步讨论的问题，我们认为，在前彦时贤的研究中，动结式作为研究对象不是很明确，即使在同一项成果中，也存在指称不一的情况，有时是在短语层面，有时是在小句（句子）层面，有时是在词的层面，这种有意无意地违反同一性的做法，不仅在某种程度上造成了混淆，而且也削弱了论证的力量，影响了观点的可信度。

鉴于以上想法，在我们的研究中，明确把研究对象定位于小句层面，称之为结果句式，而把动结短语或动结词称为动结结构，通过英汉对比，从认知语法的视角，建立对比的模型，集中研究三个问题：①英汉结果句式的中心是什么？②英汉结果句式的功能动因是什么？③英汉结果句式语义内容是什么，合成机制如何？冀望通过我们的研究，能够达成研以致知和研以致用的宏观目标，为这个世界提供一点点新知识，并直接或间接地产生一些实际的功用。

最后想表达的一点想法是：对所有相关的研究成果，我们都心怀敬意，心存感恩。对于列举出来的和未能列举出来的种种参考文献，我们的敬意和感恩都是一样的。尤其是对由于相关性较弱和疏忽未能列出的文献的作者，除了敬恩之外，更致一份歉意。如果说前者尚可原谅的话，对于后者，唯求日后有弥补的机会，去掠美之嫌，绝贪功之谬。再者，面对复杂范畴，不啻瞎子摸象，我们所能触摸到的不过是象的一部分；面对诸家之论，所持不过一孔之见。在理解和评论中，必有不周不公不尽不当之处，敬请同人和方家海涵。

第三章

理论框架

本研究提出的理论框架主要基于 Langacker R W 构建的认知语法理论（Langacker，1987a，1990，1991，GC；Langacker，1988a，b，c，d；2008；2013；2017）和对英汉结果句式结构的观察。目的有二：一是为该项对比研究提供一个理论视角；二是保证分析和描写的适切性和统一性。

第一节　基于使用的模型

在引论部分，我们从四个方面解读了认知语法的象征观，这是就语言和语法结构的本质而言的。从语法的形成、变化、发展和获得上看，认知语法是一种基于使用的模型（usage‑based model）（Langacker，1988d；GC）①。象征观强调的是语言的符号功能，而基于使用的模型强调更多的是语法的动态性和认知特点。

基于使用的模型与生成语法以规则为基础的模型相对立。在以使用为基础的模型里，"语言系统的实际使用和说话人关于这种使用的知识

---

① 有人认为 usage 应译为"用法"，然而，在 usage‑based model 里，所强调的是语言在实际语言环境中的具体用例（usage event or exemplar），而非固定的用法，固定用法作为一种规约在认知语法中已经成为语法知识的一部分，自然就谈不上再以用法为基础。（参看：张韧，2007：39）

被给予高度重视；语法被认为对说话人全部的语言规约知识负责，不管这些规约是否可以包括在概括性更强的陈述里面；对语言结构的一种非还原刻画路径，采用完全表述的图式性网络，强调低层图式的重要性"（FCG1：494）。该模型的基本观点可以概括为三种特征、一项要求、一个概念、一组网络。三种特征是指最大（maximalist）、非还原（non-reductive）和自下而上（bottom-up）的特征；一项要求是指内容要求（content requirement）；一个概念是指语言范畴复杂性概念（complex conception）；一个网络是指语法知识网络结构。

要理解这些基本观点，有必要首先讨论一下认知语法关于语法组织形态和本质的总的观点。在认知语法理论中，语法被定义为规约性语言单位的结构性清单。当一种结构被说话人熟练掌握、在使用时几近自动化的程度、不需要付出精神努力来关注它的组成部分和组织方式的时候，这种结构就具有了单位身份。单位是心理固化（entrenchment）的结果，也是规约化的结果，所以被视为一种认知常规或程式（routines）。语言单位是一种象征单位，由语义结构和音系结构通过象征关系构成。语义结构构成语言单位的语义极，表达说话人对情景或事件的概念化；音系结构构成语言单位的音系极，典型地表现为人的发声器官发出的以音段形式组织而成的语音序列，表征语义极所表达的概念。最小的语言单位是语素，向上依次有词、短语、小句、句子。比语素大的单位称为语法构式。语法构式既可以定义为复杂象征表达式，也可以定义为从复杂象征单位里抽象出来的表征它们共性的图式（schema），所以，单位既可以是具体的，也可以是图式性的（schematic）。语言单位的规约性表明了语言单位的使用范围。只有当一个语言单位被语言社团接受时，它才能够进入一种语言的语法。个人熟练掌握而不被足够数量的人所知或接受的语言单位不是语法单位。语法是规约性的语言单位的清单体现了语法的非生成性：语法不是一种构建装置，可以生成合法的句子；语法是一种象征单位构成的资源，构式图式表征既定的复杂象征结构的形式（patterns），就像语言表达式的模板（template）一样，表征语言表达式集合里平行的抽象共性。说话人把这些象征资源作为标准来评价新表达式和语言使用的规约性。语法被称为规约性的语言单位的结构性清单的原因在于，一些语言单位可以构成更为复杂的语言单位的成分。（Langacker, 1987a：Cha. 2；1990：Cha. 10；GC：Cha. 4）

这种语法概念通过"内容要求"（content requirement）来实现其本身高度的限定性。在语言描述和分析中被允许的单位只包括：（1）以实际语言表达式出现的语义、音系和象征结构；（2）出现于（1）中的表达式的图式结构；（3）出现于（1）中的表达式和出现于（2）中的图式之间的范畴化关系。（Langacker, 1987a：1. 2. 6. 2；1990：18，278；GC：28；Langacker, 2003：43）

认知语法认同典型范畴化（categorization by prototype）的观点，认为语言范畴是复杂范畴。一个语言范畴里的诸成员作为成员的资格是不一样的，成员资格是一个程度问题，有的是典型成员，有的是非典型成员。虽然它们存在一定程度的相似性，但是，对它们进行统一描述却是不现实的。比如说"树"这个范畴，柳树、榆树、杨树作为"树"的范畴成员和仙人掌作为"树"的范畴成员在典型性上肯定是不一样的。很显然，柳树、榆树、杨树等作为"树"的成员是典型的，而仙人掌不是"树"的典型成员。同样，在语言范畴里，比如说，英语中的"SVO"句型。该句型最典型的成员是定式及物动词小句（finite transitive clause），如 He broke his cup，该句的典型值是施事力作用于受事，从而引起了受事内部状态的变化，这里的主语对应于施事，宾语对应于受事。然而，同样是 SVO 结构，He loves his mother 这个句子就不涉及能量的传递。这里的主语对应的是感事（experiencer），宾语是刺激（stimulus），主语和宾语都不对应典型的语义值，因为典型值是施事和受事（详见本章下文）。如果说这两句话有什么相似之处的话，可以说前者传递能量，而后者传递感情，两者都涉及一个传递过程。

语言运用的现实要求我们在语法分析和描写中走一条非还原的路径。典型成员和非典型成员之间是一种扩展关系。为了照顾到非典型成员偏离典型成员的程度，认知语法在范畴化中引入了图式（schema）的概念，在更高的抽象层次表征典型成员和非典型成员的共性。换言之，典型成员和它的扩展都是图式的实例（instance）。

认知语法的最大、非还原和自下而上的特征与生成法的最小、还原和自上而下的特征形成对比。生成语法以构建普遍语法为目标，追求语法的经济性，认为最好的语法在形式上是最简单的语法。所以才有了支约论和最简方案的出现。而认知语法认为一个成熟的说话人要经历大量的实际学习，与生俱来的语法结构对于具体的语言作用很小。从心理现实性上来看，不能单纯从方法论的角度认定简单的语法是最好的语法。如果语法的心理表征是复杂的，对语法的精确描述就要反映这种复杂性甚至冗余性。

还原性关涉一般陈述和具体表达式的关系。生成语法认为，规则和规则的实例化表达式相排斥，而只有概括性的规则才能进入语法。认知语法把这种观点称为"规则/清单谬误"（rule/list fallacy），认为二者可以同时包括在语法里，只要具体表达式成为被熟练掌握的语言单位。图式和实例化表达式在语法中的共存体现了认知语法连贯性的观点，图式寓于实例之中，二者本质相同，差异仅在于具体性程度不同。图式和实例的共存使人们能以多种方式通达一个具有单位身份的复杂而规则的语言表达式：直接被激活，或通过它的图式被激活。

生成语法强调一般性规则，忽视低层级的次形式（subpatterns），对于不规则的语言现实，采用一些特设的（ad hoc）符号加在规则系统之上来描述，体现了自上而下的精神。认知语法的目标是抓住以实际出现的语言材料为基础的任何概括，其自下而上的精神体现在以下几个方面。第一，语法应涵盖所有的语言现象，不管规则或不规则的程度如何。第二，以图式形式出现的规则都是从实际出现的表达式中抽象出来的，不能脱离语言的实际运用。第三，对语言结构而言，表达有限范围规律性的低层级图式比表征大范围概括性的高层级图式更为重要。同生成语法追求高度概括性相比，认知语法自下而上的做法体现的是分层概

括的思想。(Langacker, 1988; 1990: Cha. 10; 1999: Cha. 4; 2003)

复杂语法范畴的刻画表现为一组图式性网络。作为以使用为基础的理论模型,认知语法采用综合范畴化的观点。经典的范畴观是一种标准—特征模型,它认为,范畴成员的身份是由一组定义的特征决定的,某一范畴的各成员拥有相同的特征。认知语法吸收了典型范畴观和以图式为基础的范畴观的观点,形成了综合范畴观。典型范畴理论认为一个范畴中的成员在成员身份上有典型和非典型之分,典型成员和非典型成员通过家族相似性成为同一个范畴的成员;依据距离典型成员的远近,各范畴成员表现出不同程度的范畴身份(category membership)。图式是表征范畴各成员共性的抽象描述,用作新表达式产生的模板和新表达式评估的标准。图式和其成员在本质上是相同的,它们的区别在于,图式是抽象的,而成员是具体的。所以,在图式性范畴观中,成员身份不是程度问题。在综合范畴观里,图式的成员既包括典型成员,又包括非典型成员,图式表征的是它们之间的家族相似性。该观点主要定义了两种关系:实例化和扩展(instantiation & extension)。典型成员和非典型成员的关系是扩展关系,典型成员与非典型成员与图式之间的关系是实例化关系。这两种关系可以用图 3.1 表示(见 Langacker, 1987a: 373,Figure 10.1)。图中的 SCH 代表图式(schema);PT 代表典型(proto-type);X 代表扩展成员;实线箭头表示实例化关系,而虚线箭头表示扩展关系。不难看出,横向的扩展关系和纵向的图式性关系有着内在的联系。当网络通过扩展关系向外扩展时,同时也就引起了新的图式的产生和整个网络的向上发展。

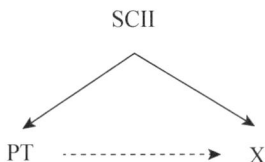

SCII

PT - - - - - - - - ▶ X

图 3.1 图式范畴化

　　网络结构是复杂语法范畴系统的表现形式。前文谈到的一项要求、一个概念和三种特征都体现在这组网络上。一项要求限定了网络的内容，复杂范畴概念提供了网络构成的可能性和现实性，三种特征即网络体现的特征。

　　范畴的网络结构是几种心理机制反复作用的结果。它们包括心理固化、抽象、范畴化、合成和象征化。（Langacker，1999：93－98）

　　心理固化又叫"程式化""自动化"或"习惯形成"。心理事件的发生会留下痕迹，从而有助于它们的再次发生。事件的反复发生会使它很容易地被唤起和执行。语言结构的每一次使用都会增加心理固化的程度，反复使用的结果是使语言结构获得单位身份，能够不费什么努力就可以说出来。不管语言结构复杂与否，只要达到一定的固化程度，它都能够作为一个整体形成一种程式，或获得单位身份，被说话人很容易地使用。在认知语法中，我们通常用中括号来表明单位身份，用小括号表明非单位身份，如［A］vs.（A）。

　　抽象的产生源自不同经验里内在共性的加强。抽象过程撇开经验中不能反复出现的方面，保留那些反复出现的共同方面。我们在认知语言学里使用的抽象是图式化。图式撇开不同结构的差异，表征它们的共性，在不太具体和不太精确的层面描述结构。图式和具体结构的关系是抽象和具体的关系，可以用一个实线箭头表示，如 A→B，读作：B 实例化或详释 A。

　　比较是发现两个结构共性或差异的能力。在比较中，一个结构充当标准，另一个结构充当目标。范畴化被认为是一种特殊的比较。在范畴化中，单位充当标准结构，新结构充当目标结构。如果在比较中发现不了差异，或者说，目标结构满足了标准结构所有的具体特征，它们之间的关系为详释关系，表示为：［A］→（B）。否则，如果在范畴化中发现两种结构之间存在差异，两者之间的关系为扩展关系：［A］┄┄►（B）。

　　合成即结合简单结构产生复杂结构的能力。合成结构来自两个或两个以上的简单结构的整合。合成结构不能简单看作成分结构的简单相加，它有着自己的独立身份，表达本身独立的特定的意义值。合成结构里的成分结构和它们独立存在时也不完全一样。如果合成关系是规则的，我们称合成结构具有完全合成性，如 black jacket（黑色的夹克）；如果合成关系是不规则的，我们称合成结构具有部分合成性，如 black-bird（画眉鸟）。

一种经验能够引起另一种经验的现象叫联想。语言结构中的联想表现为象征化：概念化与可观察到的心理表征实体之间的联想。一个象征单位表示为：［［A］／［a］］，［A］为概念结构，［a］为音系结构，［a］象征［A］。认知语法中的象征结构的认知基础就在于此。

这些现象从总体上说是一种认知现象，而语言是其中的具体现象。这些机制可以出现于不同的组合，反复使用。合成结构可以成为另一个合成结构的成分结构，如 on the table 是 on 和 the table 的合成结构，而在更高一个层面的合成结构里，如 the lamp on the table，on the table 又成了成分结构。如果我们用对应的大写形式来表示语义结构的话，［on the table］象征［ON THE TABLE］，表示为：［［ON THE TABLE］／［on the table］］；［the lamp on the table］象征［THE LAMP ON THE TABLE］，表示为：［［THE LAMP ON THE TABLE］／［the lamp on the table］］。合成的反复使用可以构成结构层次不同、复杂性越来越高的合成结构。另一个例子是代表一个可能进行的运作系列：（A1），（A2），（A3）＞（A）＞［A］＞（［A］→（A4））＞［［A］→［A4］］。（A1），（A2），（A3）是一系列相似的经验，从中我们可以抽象出一个表征它们共同特征的图式（A），（A）的固化可以使它获得单位身份［A］，单位［A］又可以范畴化新经验（A4），经过固化，（A4）和（［A］→（A4））都可以得到单位身份。

以上过程反复应用，其结果就是网络结构的出现，各个心理固化程度不同、抽象程度各异的结构通过范畴化、合成和象征关系联系起来。各个领域的语言结构，语言结构的各个方面，都可以通过这些术语进行合理描述。该网络结构是动态的，而非静态的，原因在于两个方面：从神经加工的观点来看，语言活动是一种神经活动；从语言运用的观点来看，图式网络的形成、保持和发展都由语言使用决定。

基于使用的模型体现在语言各个层面的结构的描写、分析和使用之中，句子无疑是这种模型的典型体现者。在下面一节中，我们讨论认知语法的句式观。

第二节　认知语法的小句观

认知语法中的小句是一种语法构式。构式在认知语法中指称复杂的象征单位。语法构式是复杂单位，原因在于构式由两个或两个以上的成分构成。不论是成分结构，还是作为合成结构的语法构式，都是象征单位。因此，认知语法中的小句可以自然地被视为一种复杂象征结构，或称为象征结构的组配体。在本节中，我们从原型概念和编码两个方面来阐明认知语法的小句观。

一、概念原型

小句是谈论世界和我们自己以及世界和我们之间关系的基本媒介。认知语法中的小句表达世界上的事态（occurrences）①，其结构基于基本的人类经验。虽然复杂多样，小句的理解和描写却最好参照一些原型概念（archetypal conception），因为它们构成了小句成分的典型值，在很大程度上决定了小句结构的布局（Langacker，1990，1991，2008）。

小句是表达情景和事件的，而情景和事件的主要组成部分是发生的

---

① 认知语法中的事态（occurrence）涵盖了情景（situation）和事件（event）。前者是静态的，后者是动态的。

场景（setting）和参加者（participants），场景和参加者即构成了一种原型。典型的场景包括像房间、建筑物、地理区域这样的承载事件的事物。在某个时点，参加者处于某个处所（location），处所被视为场景的一部分。

在关联小句的原型概念中，Langacker 提出了三个认知模型，即弹子球模型（billiard - ball model）、舞台模型（stage model）和标准事件模型（canonical event model）。

弹子球模型反映物体间由于接触而发生能量传递从而建立的影响和被影响的关系。该模型有四个要素，即时间、空间、物质实体和能量。在这四个要素构成的世界里，离散的物体在时间、空间中移动，发生接触，产生能量互动。有的物体是能量源，有的物体吸收和传递能量。与该认知域相联系的是另外一个被称为行动链的概念原型（action chain）。在行动链中，一个物体与另一个物体发生接触，产生能量传递；接受能量传递的第二个物体又发生移动，与下一个物体发生接触，产生新的能量传递，依次类推，直到能量耗尽或不再有接触（见图3.2）。在原则上，行动链的长度没有限制。但在语言学上有着重要意义的是一个只包含一个链环的最小行动链，即单一的两个参加者互动。一个退化的（degenerate）行动链也很重要，所谓的退化，指的是该链条只有一个参加者，既是能量源又是轨迹或所在地（locus of manifestation）。

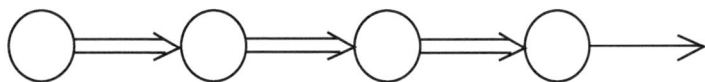

图3.2 弹子球模型

与行动和事件相关联的是各种各样的原型角色（archetypal roles）。场景、处所和参加者无疑是原型角色。在更为具体的层面上，我们可以为事件参加者赋予不同的语义角色。认知语法主要定义了六种语义角色：施事、受事、工具、感事、移事和零事。施事（agent）是有意发起和进行一项行动的个体。在一项物理行动中，是事实"能量源"和行动链中的首位参加者。与施事完全相对的角色是受事，受事（patient）在认知语法里的定义是狭义的，指经历内部变化（如破碎、融化或死亡等）的参加者。典型的受事是无生命的和非自主的，通常因受到外力作用而发生了变化。在行动链中，受事是"能量阱"（energy sink）和末位参加者。工具（instrument）是施事用来影响另一个实体的东西。典型的工具是说话人所操纵的无生命的物体，是从施事到受事的能量转移中的中介，而本身不是能量源。感事（experiencer）映射所有的心理经验，如智力的、感知的、情感的等。因此，感事通常指有感知力的人。移事（mover）指任何移动的东西（相对于外在的周边环境改变位置），既可以是有生的，也可以是无生的。最后一个是零事（zero），指在概念上最小的和无区别性的参加者，仅表存在、占据某个位置、或显示某种静态属性。因为受事、感事、移事、零事都是构成客事关系（thematic relation）的参加者，所以，认知语法用客事（theme）作为它们的涵盖性术语，或图式性术语。

舞台模型基于人的感知经验。在该模型里，感知者的角色就如同一个看戏者。如同看戏者在一定时刻把注意力集中在一定的区域，感知者在某一时刻也有他特定的感知范围；看戏者在看戏时看到舞台上的演员之间的互动，同样感知者看到事件参加者之间在场景中的互动。

标准事件模型是弹子球模型和舞台模型的综合体。该模型从弹子球模型中继承了最小行动链：一个物体通过物理接触向另一个物体传递能量。传递者的语义角色是施事，被传递者的语义角色是受事。该模型从舞台模型中继承了事件发生的场景概念和从外部视点观看事件的观察者角色。标准事件模型可以表示如下（参看 Langacker，1999：24）：

$$[\,V \dashrightarrow [\,\cdots \; AG \Rightarrow PAT \; \cdots\,]\,]$$

图 3.3　标准事件模型

V、AG、PAT 分别代表观察者、施事和受事。虚线箭头表示感知关系，双线箭头表示能量传递，外括号表示观察者的最大范围，而内括号标记舞台区域，即观察者的一般注意区域，黑体表示施事和受事的互动关系是注意的具体焦点。

二、编码

编码在概念结构和语言结构之间建立联系。一个情景或事件编码为一个定式小句。概念结构与小句类型具有相关性，某些小句类型适合编码一定的事态。当小句编码适合的事态时，此时的编码属于默认编码或无标记编码，事态构成小句的典型值。最为典型的情况就是体现标准事件模型与及物定式小句之间自然关联的编码策略。

作为一个原型概念，标准事件模型在语言学上的意义在于它提供了及物小句结构里各种语法概念的典型值（prototypical value）。典型及物句里的动词凸显施事—受事互动，主语是施事，宾语是受事，如 Frank broke the glass（Frank 打破了那个玻璃杯）。小句成分和原型概念的关联还表现在：场景通常编码为置于小句外的状语，如 Outside, the crowd was getting restless（外面，人群变得不安起来）中的 outside（外面）；介词短语编码场所，如 She put it on the shelf（她把它放在架子上）中的 on the shelf（在架子上）和非焦点参加者，如在 He was stirring the soup with a spoon（他用勺子搅汤）中的 spoon（勺子）。

一个基于标准事件模型的及物句可以默认编码众多的原型概念。

(1) In the kitchen, Frank broke the glass on the counter.
　　SETTING　　AGENT　　PATIENT　LOCATION
　　场景　　　　施事　　　受事　　　处所
　　在厨房里，Frank 在柜台上打破了那个玻璃杯。

上面的例子都属于无标记编码（unmarked coding），反映了一种自然的结构布局：以原型概念为典型值的范畴直接编码原型概念或接近原型概念的概念。无标记编码显示了句子结构与基本人类经验的关系，不仅使得我们自然理解了小句结构和类型与表达的概念结构的关系，也为我们反映和认识复杂的现实世界提供了可能。

编码并不总是直截了当的，就像无标记编码中反映出来的原型概念与小句类型之间的关系一样。实际情况要复杂得多。这种复杂性的表现就是有标记编码（marked coding）。有标记编码的来源途径有两个：第一，语言结构编码的概念有可能在很大程度上偏离原型概念，造成从典型的扩展和复杂范畴的成长。如我们不仅可以说 Frank broke the glass（Frank 打破了玻璃杯），还可以说，Frank saw the glass（Frank 看见了那个杯子），此时的主语和宾语不再是施事和受事，而是感事和零事。第二，接近原型的概念不被编码为对应的结构。如对于同一个概念结构，我们还可以用不同的小句结构来表达，如 The glass was broken by Frank（杯子被 Frank 打破了）；The glass broke easily（那个杯子容易破）；等等。如果考虑到所有的选项，很显然，一个小句成分的概括性描写会具有相当高的图式性。

从语言类型的角度来说，语言中的基本句型的数量和有潜势作为基本句型典型值的原型在量上没有定数。除了施事—受事互动，实体在空间中移动、拥有某种心理经验、占据某个位置、展示某种特征等都有可能成为基本句型的典型值。小句类型的数量和每个小句用于原型的数量因语言而不同。例如，在英语和汉语中，我们不仅用及物句表达标准事件模型，而且用来表达一个实体关于另一个实体的心理经验，如 I｛noticed/remembered/liked｝the painting（我｛注意到/记得/喜欢｝那张油画），可是，在萨摩亚语（Samoan）中，这样的心理经验就要采用基于朝向目标移动的不及物小句进行编码。下面的例子来自 Cook（1993）。

　　（2）a. E alu le tama ' i le fale' oloa.

　　　　　IMPRF go the boy to the store.

　　　　　The boy is going to the store.

那个男孩子正在去商店。

b. Na va' ai le tama ' i le va' a.

PAST see the boy to the ship.

The boy saw the ship.

男孩子看到了那艘船。

不同的语言在编码上都是运用人类基本的认知能力，但显示出各自不同的编码策略。小句结构在很大程度上是自然有据的，它的复杂性和多样性在于，小句需要实现的交际功能、表达意图、描写目的数量巨大，每一种在原则上都要求以不同的方式达成。为了满足这些需要，小句类型和小句成分被扩展到最典型的用法之外，以充当它们的典型值的概念原型为核心，形成有关系的意义网络。

第三节　复杂中心象征模型及描写构件

在本节中，以认知语法的象征观、基于使用的模型和认知语法的句式观为视角，以英汉结果句式的对比分析为依归，我们尝试提出英汉结果句式对比研究的理论框架。鉴于该框架以动词复杂体（V－complex）为突出特征和关键成分，我们称之为复杂中心象征模型。然后，我们介绍用于构式或句式分析的必要描写工具。

一、复杂中心象征模型

该模型包括四个主要观点：

观点之一：英汉结果句式的结构是因果事件独特的象征化表征，动因是说话人显明或强调行为结果的表达意图。

语言具有功能性应该是一种共识。不管是语言研究者和非语言研究者，虽然他们对语言功能的认识程度不一样，但语言具有功能是他们的一种常识。在语言研究的不同流派和学派，不论是在功能主义阵营还是形式主义阵营，虽然对语言功能在描写语言结构方面所起的作用的认识有差别，但在语言功能塑造和限制语言这一点上却是一致的。形式主义和功能主义的区别不在于是否承认语言功能的存在和它们对于语言的塑造和限制作用，而在于在描写语言的结构这一问题上，语言的功能应该置于基础性地位还是辅助性地位。二者的态度差异不言而喻。

认知语法属于功能学派。在区分了语言的符号功能和互动功能的同时，认知语法强调符号功能，可以说，符号功能就是认知语法象征观的另外一种说法，也可以说，认知语法的象征观是强调语言符号功能的自然结果，这从认知语法给出的符号功能的定义中能够清楚地看到。语言的符号功能是"允许借助于声音和手势象征概念化"。（Langacker，2013：7）

英汉结果句式是语法构式的一种，而语法构式是复杂的象征结构（或象征结构的组配体），所以，英汉结果句式也是复杂的象征结构。这意味着，英汉结果句式包含音系结构和语义结构，前者象征后者；英汉结果句式是有意义的；英汉结果句式包含多个象征成分结构；英汉结果句式不同的结构象征着不同的意义。

英汉结果句式是独特的象征结构，其独特性表现在两个方面：第一，英汉结果句式区别于其他的句式，如汉语中的"有"字句，英语中的存在句，等等；第二，它们的语义内容（或者概念内容）包括原因事件和结果事件，是复杂事件结构，英汉结果句式是对这种复杂事件结构识解结果的象征。总而言之，英汉结果句式是对包含因果事件的复杂事件的组织和象征化。由于英汉结果句式是两个大家庭，包含多个次类，每一个次类都是一种对因果事件象征化的结果和表现。

认知语法虽然强调语言的符号性，但并不弱化互动功能，并且充分承认语言的社会互动基础，认为互动功能高度依赖概念化（Langacker，2013：8）。这里似乎存在一个悖论。既然语言结构具有象征性，语义结构包含在象征结构之中，语义等于概念化，互动功能高度依赖概念化，那么，在语言结构的描写和分析中，就应该两种功能并重，而不是厚此薄彼①。因此，在我们看来，语言结构的交际功能构成了句式形成和使用的交际动因，认知语法强于句子内部语义结构分析的特点能够自然地为交际动因的解读提供支持，同时，重视交际动因与认知语法基于使用的模型相符相宜。

不管是英语的结果句式，还是汉语的结果句式，都是通过不同的语言编码对活动的结果视角化，两种语言的异同反映出它们在视角化结果策略上的异同。例如：

（1）a. He painted the wall green.

b. He painted the wall.

（1）a 和 b 都是合法的句子，二者的不同在于，前者显明 painting（油漆）活动的结果，而在后者中，虽然隐含一种表达颜色的结果，但隐而不显，读者或听者对颜色不得而知。再如：

（2）a. 张三炸了油条。

b. 张三炸焦了油条。

（2）b 是结果句式，（2）a 为非结果句式。虽然二者都是一种客观的描述，但 a 句只是表示一个活动，而 b 句无疑有强调"炸"的结果的意味。

观点之二：英汉结果句式都是向心结构，中心成分是动词和结果短语构成的动词复杂体。

---

① 认知语法并没有明确说不重视互动功能，但强调符号功能给人一种淡化互动功能的暗示，而在分析中不太触及互动功能可以被视为一种明示。互动功能在认知语法中涉及交际、操纵、表达和社会交往等。

　　英汉结果句式都是包含动词谓语的句子。我们认为，动词和结果短语或结果标志语构成了一个动词复杂体，该复杂体是结果句式的句子中心①。我们的观点主要基于以下三方面的证据。

　　证据一：动结一体构成复杂中心具有心理现实性。汉语动结式的说法深入人心，关于动结式的研究同样也深入人心。显然，这种说法与动词和结果短语构成黏合式结构这一常态结构密切相关，体现了鲜明的心理现实性。在组合式动结式中，虽然动词和结语的关系因为被"得"隔开而显得似乎较为松散，但"V得"同样被冠以动结式的名称无疑也反映出这种结构的心理现实性。"得"虽然隔开了动词和结语，但对结语有引出之功，对动词和结语有连接之效，"V"与"得"结合，人们马上就会想到后面跟的是一个表示结果状态的结构，因此，结语可以被视为"V得"的预设成分。在英语中，虽然动词和结语大多是分离的，但二者之间的语义关系是紧密的，在大多数种类中不可分开。如果分开，要么句子不成立，要么结果句式的身份随即失去。

　　（3）a. Pat sneezed the napkin off the table.

　　　　a′. * Pat sneezed the napkin.

　　　　b. Jack painted the brush to pieces.

　　　　b′. ? Jack painted the brush.

　　　　c. Sam swept the floor clean.

　　　　c′. Sam swept the floor.

　　（3）a 为在当前语言学界负有盛名的结果句式，去掉结果短语之后，a′不仅不再是结果句式，连句子的资格也失去了。去掉结果的 b′不再是结果句式，而且 paint（油漆）和 the brush（刷子）的语义关系也发生了变化。在 b 中，the brush 是 paint 的工具，而在 b′中，如果句子

----

　　①　关于句子中心的本质和结果句式中心的描写和分析，详见第四章。

要成立，the brush 只能是受事。c 去掉结语后，虽然句子依然成立，但已不再是结果句式。

证据二：词义的偏离现象（Skewing）。①

"偏离是动词意义和包含该动词的表达式的合成意义之间的不符现象。"（Langacker，2009：256）偏移有如下三种情况。

第一种情况是偏离用法，如（3）a。在这种情况里，动词凸显的过程与该动词出现其中的构式凸显的过程不符。在（3）a 中，凸显不及物和非致使过程的动词 sneeze（打喷嚏）出现在使动构式（caused - motion construction）里。在具体的语境中 sneeze 获得了使动用法。②

第二种情况是构式包含偏离成分。例如，Pat was kicked by Mary（Pat 被玛丽踢了）中的曲折语素" - ed"就是一个偏离语素，它的功能是重新识解动词凸显（或标示）的过程，将射体的身份给予动词 kick（踢）凸显的过程的受事（在这里是 Pat）。这两种情况的不同是，在偏离用法中，动词在构式中的意义与我们熟悉的本来的意义不符，而在包含偏离成分的构式中，动词的意义没有变化，它完美地出现在构式里，构式本身并没有造成该动词的意义扩展。

第三种情况是偏离构式。这种情况可以被视为构式本身充任偏离成分，因为任何一个成分都不能引起这种偏离。例如：

（4）Jack belched his way out of the restaurant.

这是一个"way"构式，里面的 belch（打嗝）表示伴随运动的方式，"way"和 out of the restaurant 这两个成分都不是过程性的，唯一的动词 belch 也不涉及运动，所以，沿着某一路径移动的意义是构式本身的功能，而非那个构成成分的功能。

---

① skewing 在沈家煊（2002a：228 - 240）和赵元任（1968/吕叔湘译，1979：11）指语言形式和语言意义之间的不对当关系，被译为"扭曲关系"。

② 关于 sneeze 如何获得了使动用法的详细分析，请参看 Zhang R（2006）。

这三种情况，在我们的方案里，都可以通过设定句子的复杂中心来处理。第一种情况下可以通过动词与表示位置变化的结果结合构成复杂中心，第二种可以通过助动词 be 与过去分词合并构成复杂中心 be V - ed，第三种可以用 V one's way PP 来处理。当然，因为第二和第三种情况都不是出现在结果构式里，情况会有所不同。

再看两个构式偏离的例子。

（5）a. The garden is buzzing with insects.

b. The streets were bustling with shoppers.

这两个句子的特点是，主语不是事件的参加者而是处所。动词与构式意义的偏离很明显，因为 buzz（发出嗡嗡声）的不是 the garden（花园），而是 insects（昆虫），bustle（熙熙攘攘）的不是 the streets（街道），而是 shoppers（购物者）。从认知语义上看，整个句子的语义是动词和介词短语的整合（blend），它同时继承了动词的过程属性和介词的射体选择方式。在这样的句子里，如果设定动词与介词的结合体作为句子中心，不管是对句子意义的解读还是对句子的构成都有着不可否认的认知合理性。

汉语动结结构中的事实对于复杂中心说提供的理据更为直截了当，因为动词和结语在大多情况下都是一体的。

（6）a. 张三哭湿了手帕。

b. 孩子跑丢了手表。

以上两个句子中的动词都是不及物的，但后面都跟了宾语，原因在于动结结构"哭湿""跑丢"本身是及物的，这与我们提倡的动结一体做句子中心的观点是完全吻合的。

证据三：来自结果构式事件结构的证据。结果句式表达由使因事件和结果事件构成的复杂事件是几近共识的事实，不管是在英语中（Tenny，1994；Winkler，1997；Rappaport Hovav & Levin，1998，2001；Levin & Rappaport Hovav，1995；Napoli，1999；Goldberg，1995；Goldberg & Jackendoff，2004；等等）①，还是在汉语中（王力，1943；宋文辉，2007；施春宏，2008；袁毓林，2010；熊仲儒，2003/2004；郭锐，1995，2003），情况基本上都是这样。

(7) a. Poor Sam . . . had coughed himself into a haemorrhage. . .

b. 他摔碎了酒瓶。

在（7）a 中，Sam 咳嗽是使因事件，吐血事件是结果事件。（7）b 中的"摔"事件是使因事件，酒瓶"碎"的事件是结果事件。（详见第二章）

观点之三：英汉结果句式所编码的事件类型是由某些认知域构成的概念内容的集中体现。

一个表达式的语义包括它的概念内容和对该内容的识解。概念内容取决于认知域。认知域指"任何一个连贯的概念化区域（包括任何一种经验、概念或知识系统），语义结构需参照这些区域来描写"。（Langacker，1991：547）一个表达式所包含的认知域的数量是开放的，认知语法语义百科观的依据就在这里。例如，我现在坐在书桌前。要理解"书桌"的概念内容，我们需要联系它唤起（evoke）的认知域。首先，我们感受到，书桌是一个物理实体，要占据一定空间，所以涉及空间认知域；书桌由一定的材质构成，可以是木头，可以是压缩板，可以是铁腿木头面，所以材质构成了另一个认知域；书桌的功能是用来看书写东

---

① Goldberg & Jackendoff（2004）把结果句式分为致使类和非致使类，如 The pond froze solid（池塘冻实了）属于非致使结果句式。我们认为，没有无果之因，只不过出于表达的需要，结果在不同结果句式中的表现不一样。像这里的例子，原因已经包含在动词 freeze 里面，只不过没有被凸现。

西的，这时候涉及的是办公功能这一认知域；还有形状、档次、场景、知识分子、书、文具等认知域。表达式包含的多个认知域构成该表达式的复杂域矩阵（complex matrix），关于该表达式的所有认知域一起构成了它的最大述义辖域（maximal scope of predication）①，即它所有的概念内容。

但是，描写一个表达式的百科知识既无可能，也无必要。出于表达的目的，我们往往选取有限的直接相关的认知域来描写一个表达式的概念内容，这些直接相关的认知域就构成了该表达式的直接述义辖域（immediate scope of predication）。不言而喻，结果句式的概念内容的描写也要诉诸认知域。

结果句式的概念内容表现为它们的事件内容或事件结构，是它们所编码的事件类型的划分依据，它的刻画涉及多个认知域，直接相关的包括致使性（Casality）、有界性（Boundedness/Telicity）、受影响性（Affectedness）、活动性（Activity）、自主性（Volitionality），等等。

观点之四：英汉结果句式的结构异同是两类句式在语义合成机制方面异同的表现。

语言具有象征性，结果句式亦然。在象征结构中，音系结构是显性的，而语义结构是隐性的。描写结果句式的语义结构，就是从显性的音系结构出发，运用语言中所关涉的基本认知能力（对比、抽象、物化、心理扫描、联想、聚焦注意力等），来显性化地解读语言结构中的语义成分、它们之间的关系和合成的路径。但这并不意味着认知语法的形和义处在不同的层面，实际的情况是，它们是一张纸的两面。正如认知语法所宣称的，"语法结构几乎完全是显性的：情况确如我们所见，只要我们知道如何恰切地解读它们"。（Langacker，1987a：27）

语言结构的语义等于概念化。概念化有两个层面，在概念层体现为

---

① 在认知语法中，述义（predication）指语义结构，语素的语义结构称为述谓（predicate），是一种特殊的述义。所以，述义包括述谓。

概念内容，在认知加工层体现为识解。显性的语言结构给我们提供线索找到它包含的认知域，从而引导我们解读它们的概念内容；同时，语言结构也为我们提供线索在概念内容的基础上解读语言结构所包含的识解。

识解是在广阔丰富的概念内容的海洋中凸起的一座岛屿，是由语言结构直接象征的那部分概念内容。概念内容与识解的关系类似于 Pinker（1989）中语法相关子系统与无限制的概念表征之间的区分，Grimshaw（1994）中关于语义结构与语义内容的区分，Wunderlich（1997）中关于语义形式与概念结构之间的区别，以及 Mohanan 和 Mohanan（1999）中关于语义结构与概念结构的区别。所不同的只是，这些区分都是在词项层面，而认知语法中识解与概念内容的区分表现在任何表达式，不管是具体表达式，还是程度各异的图式性结构。

识解与编码的关系不仅是表征和被表征的关系，而且是相互依存关系。一方面，一个情景如何被识解决定了一个语言表达式是否适合对其进行编码；另一方面，一个语言表达式体现规约化的意象从而在它编码的情景上施加某种识解（Langacker，1991：294）。因为一个表达式直接体现了对概念内容的识解，识解就代表了与语言直接相关的认知域中的内容，认知语法在刻画一个表达式的语义结构时，主要刻画的就是该表达式从直接认知域构成的直接述义辖域中凸显的内容，正是在这个意义上，凸显在识解的诸维度中占据重要地位。

一个复杂表达式的语义结构是其各构成成分合成的结果，认知语法坚持部分合成观，认为合成结构不是成分结构简单组合的结果，完全的合成性只是一种特例。合成涉及多个维度，但关键是成分结构之间的概念重合（conceptual overlapping），因为它构成了成分之间整合的基础，是合成机制得以实现的保障。复杂表达式构成语法构式，语法构式之间的语义差别，直接见于表达式的可见形式结构，通过具体的语义合成机制真正地揭示出来。形式不同，语义有别。同理，作为语法构式的英汉结果句式在结构上的异同，反映了它们在语义上的异同，更进一步说，表现了二者在语义合成机制方面的同和异。

认知语法认为，语法主要寓于复杂的语言象征结构，或曰语法构式，包括规约化的和在个体心理上固化的各级构式图式，规约化的和心理固化的具体复杂表达式，连同规约化的和心理固化的具体表达式与表征它们之间共性的图式之间的范畴化关系。何以如此呢？这涉及语法存在的必要性和合理性。

> 对于我们要表达的每个概念，如果总能得到一个词汇单位来象征它们，语法就没有必要存在。但情况不是这样。词汇单位构成的是一个有限的集合，而我们要用语言编码的概念是开放性的，变化无尽的。为了克服这一点，我们求助于包含多个词汇成分的复杂表达式。每个词汇成分唤起整个概念的某个方面，即通过接受个体象征精确地挑出来的方面。这些被单个象征的概念块一起提供了关于合成概念的足够信息。该合成概念表达说话人的意图，在语境中，听话人能够重构一个接近的概念。然而，该重构需要某种标志，以表明概念块应该怎样组装起来。语法的角色就是提供这种标志信息。（Langacker，2003：81）

这段话为包括结果句式在内的语法构式的存在提供了理由，也反映出语法包含语义和语义合成的本质。

在英汉结果句式的结果分析方面，该模型具有至少三个显而易见的优点。第一，避免了把语法结构中的分布归结为动词（如 Pinker，1989；Gropen 等，1991；Boas，2003）遇到的由于动词的多义性而带来的简约性和概括性不足的问题，也避免了将分布归因为构式（Goldberg，1995，2006）遇到的因论元增扩对构式造成的压力（详见第二章）。第二，句式的结构布局得以自然梳理，不再需要深层到表层的转换、基础句到派生句的推导以及连接机制的操作。第三，分析符合从大到小的原则，符合生成整体论从小整体到大整体的观点（李曙华，

2006），体现了语法结构从小到大的合成原则，具有认知合情性。

从第四章到第七章，我们将分别从理论模型中的四个观点出发，来对英汉结果句式展开对比研究。在具体分析之前，我们先介绍和厘清几个用于语言结构描写和分析的构件。

二、描写构件

在第一章的缘起部分，我们介绍了认知语法中概念语义包含的基本构件（construct），主要包括刻画概念内容和识解的相关概念以及词汇层面的主要语类。在本节中，我们将介绍认知语法中服务于构式和小句分析和描写的几个构件，主要包括中心（head）、补足语（complement）、修饰语（modifier）、附加语（adjunct）、主语（subject）和宾语（object）。

语法构式是复杂象征结构。在一个语法构式中，如果一个成分结构的凸显（profile）对应于另一个成分结构中的图式性次结构，该成分结构为自主结构（autonomous structure），包含图式性次结构的成分结构被称为依存结构（dependent structure）。当自主结构与依存结构结合时，依存结构所包含的图式性次结构充当详释位（elaboration site），由与它对应的具体实在的自主结构详释。例如，在语法构式 in the office（在办公室里）中，介词 in（在……里面）的语义结构里包含一个显著的图式性次结构界标（landmark），名词短语 the office（办公室）的凸显，这里主要是在空间认知域里的凸显，对应于 in 的界标，因为该界标充任详释位，又因为 the office 的语义凸显具体实在，所以能够对它予以具体化或详释。通过这种详释，合成结构 in the office 就形成了。这种自主结构和依存结构之间的不对称关系被称为自主/依存联结［A（utonomy）/D（ependency）Alignment］，是语言组织总的特征。

在语法构式中，如果一个成分结构的凸显被合成结构继承，那么，该成分结构在认知语法里就被称为凸显决定体（profile determinant）。

在 in the office 这个构式中,介词 in 的凸显被合成结构 in the office 继承, in 就是凸显决定体。因为 in 凸显一种关系,所以 in the office 也是凸显一种关系。凸显决定体是合成结构的中心(head),包含凸显决定体的合成结构是向心结构。

在一个中心成分为 X 的语法构式 XY 中,如果 Y 详释 X 语义结构中的一个次结构,那么,Y 就是补足语。在 in the office 中,in 是中心,the office 是补足语。

在一个中心成分为 X 的语法构式 XY 中,如果 X 详释 Y 语义结构中的一个次结构,那么,Y 就是修饰语。如在 the desk in the office(办公室里的书桌)里,中心 the desk 详释 in the office 的次结构射体(tra-jector),所以,in the office 是修饰语。

从上面的例子可以看到,在更高的层级上,合成结构本身还可以充任成分结构,in the office 在 the desk in the office 中为成分结构。

在一个语法构式中,如果一个成分结构既不详释中心的一个次结构,同时它的次结构也不被中心详释,那么,这个成分结构在认知语法中就被称为附加语。例如,在 go away angry(生着气走了)中,angry(生气的)就是附加语。

主语和宾语在认知语法中是至关重要的两种语法关系。主语和宾语是通过关系中的射体/界标联结定义的:主语是编码凸显关系中的射体的名词性结构,宾语是编码凸显关系中的界标的名词性结构。射体和界标是凸显关系中第一和第二显著参加者,因此,主语和宾语分别是一个凸显关系中的第一和第二焦点参加者。

第四节　小　结

在本章中,我们首先论述了认知语法作为基于使用的模型的含义,把它的基本精神概括为三种特征、一项要求、一个概念、一组网络。然后，我们从原型概念和编码两个方面阐明了认知语法的句式观，直接编码原型概念并以原型概念为小句成分和小句结构的典型值的句式属于非标记编码的小句，如果在语言中采用特殊的编码方式来编码情景，如把射体赋予受事、场景等，这样的编码属于有标记编码。

从认知语法的象征观和基于使用的模型出发，结合对英汉结果句式的观察，我们提出了复杂中心象征模型，为英汉结果句式的对比研究提供了统一的分析和描写框架。该模型包括四个主要观点：第一，英汉结果句式的结构是因果事件独特的象征化表征，动因是说话人显明或强调行为结果的表达意图。第二，英汉结果句式都是向心结构，中心成分是动词和结果短语构成的动词复杂体。第三，英汉结果句式所编码的事件类型是由某些认知域构成的概念内容的集中体现。第四，英汉结果句式的结构异同是两类句式在语义合成机制方面异同的表现。

最后，我们介绍了构式描写的工具，包括中心、补足语、修饰语、附加语、主语和宾语。这些工具，连同第一章中介绍的关于语义刻画的一般工具，将被用于后面的具体分析。

第四章

英汉结果句式的中心

英汉结果句式的中心决定了它们的结构布局,对它们的结构描写有着重要的意义:它们提示句子表达的情景结构,限定进入结果句式的动词类型,决定参与结果句式所表达的关系的各成分的身份,在很大程度上影响它们的语义建构。我们的讨论从构式中心开始。

第一节　从构式中心到小句中心

在认知语法中,语法构式是复杂的象征结构,或象征结构的组配体。语法构式一般为向心结构,其中心是作为凸显决定体的成分结构。凸显决定体是其凸显被其上层的合成结构继承的成分结构。如在 above the table(在桌子上面)中,above 作为成分结构,其凸显被上层的合成结构 above the table 继承。像 above 一样,above the table 也是凸显一种关系。二者的区别在于图式性或抽象性,above the table 相对于 above 更为具体,换言之,above 相对于 above the table 更为抽象。

再举一个汉语的例子。"很快乐"是一个传统的形容词短语。副词"很"相对于形容词"快乐"是一个依存结构,其语义结构预设一个显著的图式性次结构射体,在与一个具体的形容词结合时充当详释位。形容词"快乐"虽然本身凸显一种关系,因而有资格做依存结构,但在这里,相对于副词"很",它是一个自主结构,明确或详释"很"的语

94

义结构中的射体。这里的"快乐"是凸显决定体,因为两个成分结构整合之后所得的合成结构继承了它的凸显,表达一种属性,所以,"快乐"是中心。现在我们来看小句中心。

小句也是一种语法构式,但它的情况要比一般的短语层面的语法构式复杂得多,因为一个定式小句不仅具有词汇项提供的具体实在的内容,而且还包括表示事体语态等的语法范畴提供的抽象的意义。动词和小句的关系至关重要,讨论小句的中心不可能绕过动词和这种关系,因为小句的中心一般认为就是由动词充任的。像动词凸显过程一样,小句也凸显过程,但小句凸显的过程更为具体。一个定式小句标示一个情境化的过程(grounded process)。现在我们联系动词的结构阐述小句中心的内涵。

在认知语法里,词汇和语法都是象征结构,二者形成一个连续体。一般来说,语法构式都有中心。短语有短语的中心,小句有小句的中心。前面我们讨论了短语层面的中心,明确了凸显决定体的中心身份。需要进一步说明的是,我们说中心是语法构式的凸显决定体,指的是它能够对整个语言结构实施范畴化。在小句层面,动词一般被认为是小句的中心。例如,在典型的限定性及物和非及物句中,小句中的及物动词或不及物动词就构成小句中心。在 He washed his clothes(他洗了衣服)里,wash(洗)是中心,因为 wash 决定了小句 He washed his clothes 的凸显,又由于 wash 凸显一个过程,所以小句 He washed his clothes 也凸显一个过程。换言之,小句 He washed his clothes 继承了动词 wash 的凸显。

在 He washed his clothes 这个小句里,小句中心由单个动词充当,但这只是一种相当有限的情况而已。事实上,小句中心的情况要复杂得多。通过与名词短语的类比,Langacker(1991:5.1)探讨了英语小句中心的构成。英语的小句由动词短语、修饰语和名词性补足语三个要素组成。动词短语包含了小句的中心,其组成成分按其凸显的具体或抽象程度可分为两种：助动成分（auxiliaries）① 和实义动词（content verb）。助动成分的凸显是图式性的，而实义动词的凸显是具体的。在助动成分中，表时态和情态的助动成分为情境植入述义（grounding predication），主要指时态和情态，而其他的助动成分和实义动词一起构成小句中心。因此，小句中心的组成可以表示为公式（1）。

$$(1)\ (\text{have}\ (\text{PERF}_4\ (\text{be}_1\ (-\text{ing}\ (\text{be}_2\ (\text{PERF}_3\ (\text{V}))))))))$$

按照 Langacker（1991：199）的说法，该公式表征了英语中最大的小句中心。在该公式里，V 代表实义动词，PERF 代表过去或完成分词形位（–ed 只是一种音系表现），be_1 出现于进行体句式，be_2 和 PERF_3 出现于被动句式，PERF_4 出现于完成体句式，下标不仅表示它们出现的位置，而且表示它们在不同的位置具有不同的意义。以（V）为核心，（2）中的例子可以说明该公式概括的以下几种小句中心。

    （2）a. She may climb that tree.

        b. The project will definitely be finished.

        c. The case should be being investigated.

        d. I may very well have been being followed.

在公式（1）里，每一个助动成分把它的凸显加在与它结合在一起的结构上，从而派生出一个复杂小句中心；如果几个助动成分同时出现，在组构体最高层面的那个助动成分充当整个小句的凸显决定体，它的凸显被植入情境并且由整个小句所标示。最简单的小句中心是光杆动词，如（2）a 中的 climb；最复杂的是所有的助动成分都出现的动词短

---

① 这里的助动成分较之传统语法上的助动词范围要大，情态、时体、语态与其他的在语义上图式性比较高的成分都在其中。

语，如（2）d 中的 have been being followed。

相比之下，汉语的情况有所不同。汉语中没有时态标记，而体标记出现在动词后面，被动标记有时出现有时不出现。① 所以，汉语中动词谓语句中的小句中心和英语在组构方式上是不完全一致的。在没有体标记和被动标记的小句里，光杆动词独自充当小句中心。如，在"他买回来两张票"里，动词"买"充当小句中心。那么，英汉结果句式中的情况如何呢？我们认为，它们的基本格局是动词 V 与结果短语结合构成动词复杂体（V – complex），就是我们第三章中提出的英汉结果句式复杂中心说。但具体到两种语言中的各个次类，则情况因类而异。

第二节 英汉结果句式复杂中心再探

在第三章，我们从心理现实性、词义的偏离、来自结果事件构成的证据三个方面论证了英汉结果句式的复杂中心假设。本节，我们从英汉结果句式复杂中心的所指、动词和小句的关系和中心内部成分的关系三个方面来进一步观照英汉结果句式的中心。

一、小句复杂中心和英汉结果句式复杂中心

从本章第一节的阐述中，我们看到，在特殊情况下，实义动词直接构成小句的中心，如在 John washed his clothes（约翰洗了衣服）中，动词 wash（洗）就构成了小句的中心。所谓的在特殊情况下，就是在没有构成体态和语态的助动词成分的情况下，因为在这些成分存在的情况下，中心是复杂的，只有排在最左边的助动词才有资格充任凸显决定

---

① 这里的时态标记、体标记、被动标记是采用传统的习惯说法，从认知语法的视角看，它们都是动词短语里面的助动成分。

体，与右边所有动词性成分联合构成句子中心，或单独做句子中心。这时候，我们看到，对于小句中心来说，复杂中心是一种常态化的、一般的情况，也可以说单一小句中心是一种常项。下面分别分析这两种看似自然的结果在具体的操作中的优势和问题。

当我们设定最左边表示体态或语态的助动词为小句中心时，显而易见的一个优势是，可以统一小句中心的身份，操作起来也简单易行。就像系统功能语言学或布拉格学派在确定句子信息结构里的主述位身份一样，第一个成分为主位，其后的成分为述位，一目了然。同时，也可以避免争议，因为如果确定实义动词为小句中心，句子中助动词的地位不好确定。把它们定位为动词性辅助性成分，在传统的语法理论中似乎没什么问题，这也是助动词之所以被称为助动词的主要原因。在传统的语法和句法学理论里面，因为被认为没有词汇意义，只有语法功能，它们是被划归功能词类的。但在认知语法的象征观中，句子中的每个成分都是有意义的，传统的功能词和实词的区别只是意义在图式性上的差别：一个具体，一个抽象；一个实在，一个虚灵；一个丰富，一个单薄。作为一个有意义的成分，这个时候就不能再以过去的眼光来看待它们的身份了，助动词的名称可以沿用，但身份必须重新确定。一个明显的事实是，一个定式小句的情境植入成分（grounding elements）都是体现在小句中表达体态和语态的助动词上面的，而定式小句都是情境化的（grounded）。例如，He has finished his homework（他已完成家庭作业），现在时就体现在助动词 has 上；He was given a book as a birthday present（他被给了一本书作为生日礼物），过去时体现在表示被动语态的助动词 be 上。鉴于面临的身份不好确定和它的情境化身份这两个事实，将它们确定为中心是一种既微妙又智慧的做法。换言之，一个表达具体情景或事件的句子都有体态，有主动和被动之分，时态体现在表示体态和语态的助动词上，表示情态的助动词与它们结合表示体态和语态，因为时态和情态是情境植入成分，而定式小句标示情境化的过程，所以这些标示体态和语态的助动词成为情境化动词（grounded verb），自然地获得了充当小句中心的资格。

很明显，助动词单一小句中心的方案除了统一说法之外，在具体的语法和语义分析中的意义是极度有限的，因为它们除了提供定式小句的体态和语态信息之外，不再有其他信息性的内容。这样，为了把故事讲下去，复杂小句中心此时就可以登场了。它不仅包含表示体态和语态的助动词，而且包含实义动词。不仅可以提供这些信息，而且可以提供关于小句的实在的内容信息。我们在分析英汉结果句式时采用的是后者。①

然而，我们的复杂小句中心与这里的复杂小句中心的概念是完全不同的。这种不同主要体现在两点上：第一，我们的复杂小句中心说只针对英汉结果句式，不及其余。第二，我们的复杂中心只体现在实义动词V上。这样做的目的是集中力量揭示小句对具体的事件结构的识解本质。我们这样做的依据是，如果撇开这些助动词，小句包含的实在内容没有减少，结构没有变化，凸显的过程性质不会改变，参加者的身份不会改变，数量不会减少。② 还有一点考虑是，纳入体态和语态在分析上不好操作，因为它们的语义内容在具体性和实在性上差别甚大，分开描写才能更好地揭示各自的本质。尤其是在汉语里，体范畴是由体态助词"着、了、过"表达，但它们并不总是出现，如"他们正在参加升旗仪式"显然属于进行体，但并没有体态助词的出现。

---

① 情境（ground）在认知语法中指言语事件，事件的参加者（听话人和说话人），它们的互动，以及直接环境（如说话的时间和地点）。情境植入成分明确定式小句和完整的名词短语在情境中的身份，使它们成为动词所标示过程的实例。（Langacker, 1991：第6章；Langacker, 2008：第9章）

② 被动句的情况有所不同，因为射体的身份给了受事。这个时候，助动词 be 的身份就不能撇开了，因为它改变了小句凸显的时间性关系中的射体和界标所在的常规位置，从而改变了小句的凸显，进而改变了小句对所表达的事件内容的识解方式。这也是我们把被动句排除在这项研究之外的原因之一。

二、动词和小句中心

一个小句的中心是它的凸显决定体，这是小句中心的本质。凸显决定体是一个成分，其凸显在上一级合成结构中被继承。动词凸显过程，小句也凸显过程，小句凸显的过程从动词继承而来。两种过程所不同的是，动词凸显的过程是一种类型，而小句凸显的过程是动词凸显的过程的实例。这种关系是由三方面的因素决定的。

第一，动词表现了人们对事件的基本认知能力。人们对事件或复杂情景的一种基本认知能力是心理扫描。心理扫描是一种认知加工过程，它包括两种方式：顺序扫描（sequential scanning）和总体扫描（summary scanning）。

顺序扫描涉及状态的转换，或状态转换的连续序列。在总体扫描中，各个状态被同时激活，扫描者经历的是一个连续的整体。这两种方式可以用图4.1表示。（参见Langacker，1987a：144）

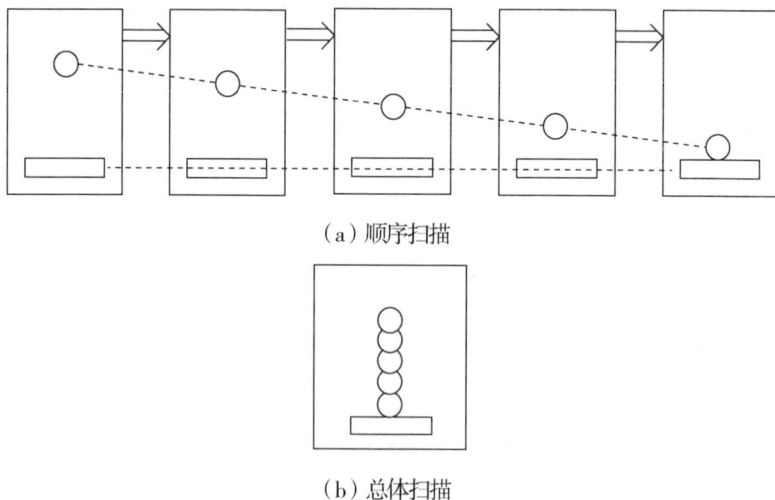

（a）顺序扫描

（b）总体扫描

图4.1　顺序扫描和总体扫描

在图4.1（a）中，各个场景（或状态）依次出现，各个场景之间存在着对应关系，构成了一个连贯的依次展开的场景。在图 4.1（b）中，各个状态都与一个构型的不同方面相关，而且，它们同时被激活，从而构成一个认知整体。

对于两种扫描方式的区别，Langacker 形象地把它们类比于看照片和看动画片。但是，需要注意的是，顺序扫描和总体扫描的差异与对事件的被概念化时间（conceived time）或虚拟有关，即对应于一个复杂事件的不同方面的扫描事件是同时被激活还是被依次激活，而与客观时间无关。所以，扫描使得我们识解场景的灵活性成为可能。我们可以以顺序扫描的方式扫描一个静态结构，也可以以整体扫描的方式扫描一个移动的物体。如：

（1）This road winds through the mountain.

（2）He took a fall.

（1）是一个静态的客观场景被执行了顺序扫描的情况，而（2）涉及的是一个变化的场景，但却是以静态扫描的方式被识解的，这时候，不同的状态被同时激活，构成了一个复杂的单一构型。

第二，动词是实现事件模型的中心，是表达概念原型的中心概念。根据 Lakoff（1987），意义的描述相对于理想化认知模型（Idealized Cognitive Model）来进行。用 Langacker（1991，2008）的术语，与小句有关的认知模型来自人们的经验和对世界的概念，表现为各种不同概念原型（conceptual archetypes）。比方说，我们有物体运动的概念、物体经历某种变化的概念、物体处于某个位置或具有某种特征的概念、物体施力的概念、物体受力的概念、物体抵抗力和克服力的概念等。（参看 Langacker，1999：24 - 27；比较 Goldberg，1995：2.3.2）不难看出，这些概念原型在很大程度上是动词各种过程特征的根源。动词的普遍本质就源于并表现为对实体所处过程的反映。反过来，这种关系也确定了动词在表达原型概念中的中心地位。

第三，动词的依存性身份。从概念的角度讲，动词是依存性的。这种依存性表现在它所标示的过程预设参加者。比方说，动词"买"本身表示买的概念是不完全的，它预设了概念"买"所涉及的实体参加者，如买者、物品，甚至还有存在于概念原型里的卖者、价钱、市场等要素。当动词所预设的参加者实体被具体化以后，在概念上就会出现一个自主的过程。所以，Taylor（2002：413）这样定义小句：

　　　　小句可以定义为标示某种在概念上自主的过程的语言结构，它通过详释在时间关系里的过程参加者而产生。

因为小句描述的事件出现在一定的时间、地点、情态里，所以，在认知语法里，小句被称为情境化的过程实例（grounded instance of process）。

动词和限定小句的关系是一种类型和实例的关系，这种关系还可以从编码的角度予以证明。我们可以说，小句是情景的编码。基本句型与各种不同的原型概念相关。比方说，标准事件模型对应于典型的 SVO 句型；某人处于某个方位对应于典型的 SVP 句型；某物处于某种性质或状态可以用 SVC 来表示（如 He is tall①），等等。基本句型所表征的事件基本上都是单一事件，复杂事件的情况如何呢？复杂事件是简单事件的扩展。② 那么，如果我们认为反映复杂事件的语言表达式也是基本句型的扩展，应该说没有什么不合理的。所以说，像基本句型用来编码概念原型一样，基本句型的扩展也是对复杂事件编码的结果。③ 基本句

---

① 在汉语中，我们要说：他个子高高的。这里是形容词做补语，但这时的形容词是谓词性的，相当于英语中 VC 的意义。

② 根据 Goldberg（1995）关于构式之间关系的观点，复杂事件和单一事件之间存在着一种次部分继承关系（subpart link）；而从认知语法的观点看，它们之间是一种包含关系，复杂的包含简单的。

③ 我们认为这种扩展是通过整合机制实现的，在整合的过程中，根据说话人的表达意图，复杂事件中的成分在语言表达式中的表现（如显著性、显隐性）有差别。

型和扩展句型在复杂性上有差别，在编码方式上也未必相同，所以，它们之间的共性趋于图式化。因为作为小句中心的都是动词（虽然动词的性质不一定相同），所以，从整体上来说，限定性小句是某种动词所标示的过程类型的情境化实例（grounded instance of process type）。

从上面的论述中，我们看到一种普遍性的关系，在以动词为中心的小句中，小句和动词的关系就是实例和类型的关系。那么，这里的动词成员都有哪些呢？认知语法中动词被定义为凸显过程。这个定义适用于光杆动词，适用于复杂动词（如短语动词），甚至适用于整个小句，因为它们都凸显过程，虽然凸显的是在不同层面上的过程。

我们定义的英汉结果句式的复杂中心，在这个意义上也是动词。为了显示区别和方便讨论，我们称它为动词复杂体（Verb‒complex）。

这样的复杂中心与英汉结果句式的关系是一种类型—实例关系。这种关系有两方面的含义。第一，类型和实例关系是一种多层次的图式‒实例关系。图式是一种语法构式的抽象表征，可以表现在不同的层面，在一般情况下，由动词和结语构成。实例是图式的实例化。例如，［VR］① 是一个图式；［洗 R］也是一个图式；但同时又是 ［VR］ 的一个实例；［洗干净］是一个实例，但同时又是 ［洗 R］ 和 ［VR］ 的实例。这些图式—实例关系位于中心层面。但从中心到实例，呈现的是一种典型的图式—实例关系，即通常所说的类型—实例关系。作为小句中心，［洗干净］ 相对于一个定式小句还是图式性的，如果它是及物的，那么它还预设两个参加者，这两个参加者是它语义结构中包含的两个图式性次结构。这样，［洗干净］ 的语义可以进一步刻画为 ［NP1 洗干净 NP2］，还是一个图式性结构。这个图式性结构可以实例化为各种结果句式，如"李四洗干净了衣服""玛丽洗干净了被罩""约翰洗干净了窗帘"，等等。这里的多层次图式—实例关系实际上体现的是一种多层

---

① 这里把两个成分并置，只是为了说明问题采用的一个简单的表征，其实，二者的地位不是并列的，随着讨论的深入，我们会做出更为确切的刻画。

次范畴化关系。第二，类型—实例关系在很大程度上也是一种决定和被决定的关系——中心的内部结构在很大程度上决定了小句整体的语法组织。除了修饰语（主要是定语和状语）和附加语，小句中的必有成分都由中心决定。因此，光杆动词［看］不能单独充任某种类型的汉语结果句式的中心，原因在于它不能决定一个结果句式的语法组织。另外，需要明确的是，动词复杂体在整体上决定了结果句式的语法组织，而不是中心中的某个成分决定的。

三、英汉结果句式复杂中心的内部关系

英汉结果句式复杂中心在某种意义上就是一个语法构式，在一般情况下，它由两个成分构成。那么，如何认识这两个成分之间的关系呢？我们认为，在二者的关系中，结语是依存成分，动词是自主成分，动词作为凸显决定体详释结语提供的图式性次结构。我们首先看一下自主/依存联结的概念。

自主结构和依存结构的区分是语言组织的一种本质特征。所谓自主结构，是指本身不需要参照其他结构即可独立存在的结构，如名词是一个典型的自主结构。依存结构是指那些需要依赖自主结构的支持才能独立存在的结构，如动词和形容词就是典型的依存结构。自主依存也是一个相对的概念，如实义动词相对于名词是依存结构，而相对于助动词又是自主结构。自主和依存的区分和整合在语言的音系结构和语义结构都很普遍。例如，在一个音节中，元音是自主的，而辅音是依存的；在一个单词中，词根或词干是自主的，词缀是依存性的。

一方面，小句的结构中也呈现自主/依存联结。在小句表达的事件中，动词凸显的过程是依存性的，而参加者是自主性的。例如，在 John opened the door（约翰开了门）中，没有实施 opening（开）的行为的参加者 John（约翰）和接受 opening 行为的 the door（门），opening（开）事件就无从概念化。另一方面，小句表达的复杂事件的不同构成成分之

间的关系也呈现出自主/依存关系。在结果句式中的情况就是这样。

典型的及物性结果句式包含使因事件和结果事件，结果事件是自主性的，而使因事件是依存性的。例如，John swept the floor clean（约翰扫干净了地板/约翰把地板扫干净了）包含使因事件 John swept the floor（约翰扫地版）和结果事件 The floor was clean（地板干干净净的），后者是自主事件，前者是依存事件。后者的依存事件取决于它的客事关系身份（thematic relation）。

客事关系是指只涉及一个参加者的、相对简单的、在概念上自主的关系，这个唯一的参加者被称为客事（theme）。最基本的客事关系指参加者占据某个位置或显示某种静态的特征，这时的客事角色（thematic role）是零事（zero）。例如，Alice is under bed（Alice 在床下），Alice is clever（Alice 很聪明）。另外几个客事角色包括移事（mover）、受事（patient）、感事（experiencer），它们都是表征原型概念的语义角色（图 4.2）。虽然不是穷尽性的，认知语法认为这几个客事角色构成了一个基本的客事清单。

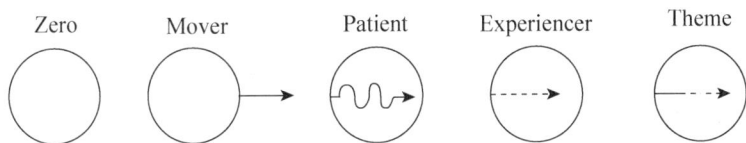

Zero　　Mover　　Patient　　Experiencer　　Theme

图 4.2　客事诸角色

移事在环境中变动位置，受事经历某种内部变化（本身内部构成上发生变化），感事是心理过程的所在地（感情、感知、构思过程等等）。

在复杂事件中，像音节中的节核和单词中的词根一样，客事关系构成了事件最内层的概念。回到 John swept the floor clean，The floor is clean 作为客事关系充当自主结构，John swept the floor 作为致使关系充当依存结构，二者的整合显示出自主/依存不对称组织关系。

对于一个典型的及物性结果构式的中心，如［推开］，结语［开］

指向移事，所以，表示一种客事关系，在中心中充当自主结构，动词［推］指向主动域中的施事，标示一种外致使关系，与［开］表示的自主结构整合，形成合成结构。

袁毓林（2001）和宋文辉（2004）通过不同的论证途径，证明了动结结构①中动词的核心性。前者的主要观点是：动结结构以动词为结构核心，以结语为语义核心，结构核心和语义核心不一致，表现出结构和语义的不平衡性。袁文提供的主要证据包括三个方面：第一，从论元限制来看，受事是从动结结构的结语论元提升上来的，施事是从动结结构中动词的论元提升上来的。第二，从插入性扩展测试来看，动结结构不是并列结构，不是连谓结构，不是述宾结构，不是偏正结构，而从它跟动趋结构在结构和意义方面一系列的平行性来看，比较稳妥的看法是将它视为以动词为核心的向心结构。第三，从历史来源看，动结结构是"（1）a. 施事＋及物动词1＋及物动词2＋受事 → b. 施事＋及物动词＋不及物动词＋受事"和"（2）a. 受事＋及物动词＋不及物动词 → b. 施事＋及物动词＋不及物动词＋受事"两种句法形式合流的结果。从 a 到 b 的演变，是从并列结构到动结结构的演变，演变的原因是（1）a中的及物动词2和（2）a 中的不及物动词功能衰退，这时，整个结构的功能更加倚重前面的及物动词，形成的结构为中心在前的动结结构。从意义和表达功能的角度看，动结结构的产生是动词和形容词的使动用法衰落的结果，进程是由补语动词（使动式）扩展出"及物动词＋使动式动词"这种并列结构，最后又重新分析为"及物动词＋不及物动词"这种动结结构。

宋文辉（2004）认为，所有动结结构的类别具有相同的形式特征，这些形式特征决定了动结结构的范畴归属。主要包括四项：第一，动结结构与动趋结构具有平行性，体标记可以出现在动趋式之后，也可以出现在动词之后，这一点可以反证动结结构的核心是动词。第二，在否定

---

① 袁毓林（2000）称之为述结式，宋文辉（2004）称之为动结式。

的表现形式上，动结结构的内部一致，而与偏正结构的状中结构不同。第三，在反问句转换中，动结结构内部形式一致。第四，在拷贝动词结构中的动结结构的表现与动宾结构具有平行性，而与状中结构不同。

从认知语法的视角看，动结结构中谁为中心的问题可以归结到动词和结语的关系。动结结构是一个动词复杂体，凸显一个复杂过程，该复杂过程的过程身份是从动词继承过来的，由此可见，动结结构中的动词在动结结构中是凸显决定体，具有中心地位。而从语义内容上看，结语指向一个客事，与客事构成一个客事关系，该客事关系是复杂过程的核心，所以在语义含量上更为丰富，占据了复杂过程的最大语义份额。这就如同一个单词中的词根或词干相对于词缀拥有更为丰富的语义内容一样。例如，在"伐倒"这一动结结构里，我们几乎可以确切地知道，"倒"的是一个站着的东西，因为失去平衡，经历了一个从站立的状态到倒下的状态的变化；但是关于"伐"的射体是什么，我们并不清楚，最可能的是伐木工人，也可能贩卖树木的人，也可能是偷盗树木的人，也可能是战争中为了铺架临时木桥的战士，等等；至于怎么"伐"的，方式也多种多样，斧砍，锯拉，人工为之，机器操作，不一而足。关于"伐"，我们能够确切知道的就是，它的射体通过破坏界标平衡的方式造成了界标从直立的状态进入倒的状态。因此，在这里，动结结构中动词的中心地位以及结构与意义的不平衡性可以得到清楚明了的解释。

第三节　英汉结果句式中心的类型

在以上讨论的基础上，我们在本节分类分析英汉结果句式的中心。在分析之前，我们首先设置这样一个前提：结果短语指向的参加者均为客事，结果或表达客事的位置变化，或状态变化，或表达客事承载的一种相关评价。其次，我们不追求穷尽性地搜索语料和归纳类型，但用力于带有类型意义的用例和类型的列举和归纳。面对语言现象和事实的海洋，语言分析的对象可能必须集中于"最为普通的类别，集中于语言社团中所有人共享的特征，或集中于在很大程度上具有代表性的个体"（Langacker，2010：88）。

下面是我们对待例外的态度，因为例外总是有的。既然如此，我们似乎也就没有必要一遇到例外就戄觫而惊，也就没必要奢求能最大限度地减少例外。语言现象总有例外，但典型的和准典型的情况往往是广为接受的，呈现出规律性。我们的最好选择也许是以后者为研究对象，研究它们背后的理据、机制等规律性的东西。对于例外的现象，也并不总是弃置一边不闻不问，可以根据情况分别对待。随着研究的深入，如果发现它是表面的例外，就可以将之纳入我们的研究范围；如果是孤例性质的，又是规约性很强的结构，就把它放进语言系统的清单里；如果只是昙花一现，那么，只能仍将其视为例外，静观它的未来发展。因此，所谓的例外，只是我们对待特异语言现象的权宜之计。例外和典型、规则和特异，在认知语法的视野下，原因在于它们在规则性的程度上有别。规则现象，准规则现象，不那么规则的现象，不规则的特异现象，它们一起构成一个连续体，每种现象都占据这个连续体上的一个位置。

一、英汉及物结果句式的中心

（一）英语及物结果句式的中心

英语及物结果句式中心的基本格局是：［V…R］（R = A，PP，NP）。V 和 R 构成分离式。它们的主要功能是明确或强调结果。但是，在不同的次类中，在 V 和 R 以及客事方面，情况又有所不同。

（1）a. I put the book on the table.

　　b. Edison placed a mirror behind the lamp.

　　c. He installed a new software on my computer.

　　d. Veronica left her keys on the bus.

　　e. The bank transferred the deed to the buyer.

　　在（1）的各例中，它们的中心可以表示为［V］，因为这里边的动词不仅是及物的，而且语义结构里面已经包含了结果，表示它们的宾语的指称体发生的位置变化。这是复杂中心的极端情况。

（2）a. Mary painted the wall white.

　　b. He painted his house a bright shade of red.

　　c. Kelly wiped the table clean.

　　d. Martha feeds chickens fat.

　　e. They muddied their faces white.

　　f. The explosion tore the plane apart.

　　g. Pat kicked Bob black and blue.

　　例（2）对应的中心表征为［V…R］，在大多数的情况下，R－A；在构成短语动词的情况下，R 为小品词；在少数情况下，R = NP，我们认为，这种情况更合理的解读是，将其视为一种双及物构式的隐喻扩展用法。结语表达客事的状态变化。动词多为活动类及物动词，也有即行动词。

（3）a. Pat kicked the football into the stadium.

　　b. Oh, they'd have to move it to Taiwan for people to know
　　　about it practically.

　　c. Christ pushed the piano up the stairs.

　　d. The wind blew the ship off course.

　　e. They presented her to the leader.

例（3）的中心为 [V… R]，R = PP，表示位置的变化，V 多为活动类及物动词，带致使义，含方向义。

(4) a. John broke the dishes into pieces.

b. She shattered the vase to pieces.

c. They melted the butter to liquid.

d. He suffocated Kim to death.

e. The fridge froze the water solid.

该组的中心为 [V… R]，R = PP，A，表示状态变化，这里的结果主要表示强调或明确变化的程度，因为 V 中已经包含结果。这里的 V 被称为作格动词，因为有对应的表示变化的不及物形式。该组与（1）组相同的一点是，动词都包含结果，不同的是，该组的动词有对应的不及物形式，如果后面不跟结果短语，句子依然成立。对比：

(5) a. John broke the vase.

b. The bowl broke.

c. *John put the book.

d. *The book put on the shelf. （作为句子不成立）

(6) a. They drank the pub dry.

b. Kelly wiped the crumbs off the table.

c. Michael drove me home.

d. Tim drove them to Washington D. C. .

(6) 例的中心表征为 [V… R]，R = A，PP，表示位置或状态变化，这一类的结果句式属于 Goldberg & Jackendoff（2004）称为非选择性及物结果句式的类型。

（7）a. The joggers ran the pavement thin.

　　b. The man ran his legs sore.

　　c. Sue danced Pat tired.

　　d. Sam walked him to the car.

　　e. Professor Smith talked us into stupor.

　　f. The critics laughed the show out of the town.

　　g. They laughed the poor guy into his car.

　　h. Sam sneezed the napkin off the table.

例（7）包含的中心为［V… R］，R ＝ A，PP，表示位置或状态变化，V 为不及物动词，但句式中心是及物的。

（8）a. Martha eats himself fat.

　　b. He talked/yelled/shouted himself hoarse.

　　c. He ran himself out of breath.

　　d. He ran himself tired.

　　e. She cried herself to sleep.

　　g. He coughed himself awake.

例（8）对应的中心为［V… R］，R ＝ A，PP，V 为被称为非作格动词的不及物动词，结果多为过度行为引起，故多为负面结果。这种句式的一个突出特点是，宾语为反身代词，所以，结语实际上是指向主语。

（9）a. British UN troops shot dead three Croat gunmen who fired on a Muslim aid convoy near Vitez in central Bosnia today after Croat forces had shot and killed eight of the convoy's drivers.

b. Some were rinsing brooms; some were scrubbing clean the pans they'd used for plastering, scouring them with river silt and grass.

c. Cornelius pulled open the rucksack.

d. He cleaned out the brush.

e. In the description of the sprinkler and the apron, and especially the altar, the internalization of law (as disguise) results in this sacrilege within reverence, an intimacy with law which can blow apart its ideological effect (revealing the hidden side of the altar) —and with a strange knowing innocence strangely inseparable from that intimacy.

本组中的例句包含的中心为［VR］，R = A，Par（小品词），表示状态变化，［VA］这种黏合式在英语中用的不是特别多，但也有一定的量；［VPar］多为短语动词。

（10）a. They painted their room beautifully.

b. She fixed the car perfectly.

c. He grows chrysanthemums marvelously.

本组小句的中心为［V… R］，R = Adv，表示对涉及受事的结果状态的描述。

（二）汉语及物结果句式的中心

汉语及物结果句式的中心可以总的描述为［VR］。汉语的动结结构式多为黏合式，该句式中心在汉语为母语的人中具有广泛的规约性，对个人来说也有高度的心理固化特征。

（11）a. 列宁打碎了花瓶。

　　　b. 史密斯先生推开了门。

　　　c. 张三气哭了李四。

　　　d. 那件事气哭了小妹。

　　　e. 玛丽哭湿了枕头。

　　　f. 约翰跑掉了鞋子。

　　　g. 妈妈洗干净了衣服。

　　　h. 衣服洗累了妈妈。

　　　i. 人头马喝哭了志愿者。

　　　j. 高老师教会了我们数学。

　　　k. 张三骑累了马。

　　　l. 张三追累了李四。

　　该组句子的句式中心为［VR］，R = A，V′，V 有及物动词（如"骑、洗"），也有不及物动词（如"哭、跑"）；V′有及物动词（如"会"），也有不及物动词（如"湿、干净"），结语都是指向宾语，表示结果状态。

（12）a. 小明玩忘了时间。

　　　b. 我听懂了他的意思。

　　　c. 张三学会了微积分。

　　　d. 老王已经看惯了这种现象。

　　　e. 我想死你们了。

　　　f. 老王卖赔了一百元。

　　　g. 老王买赚了一百元。

　　　h. 吃饱饭。

　　　i. 喝醉酒。

该组句子的中心表征为 [VR]，里面的 V 和 R 都多为及物动词。R 表示状态变化。一般认为，这一组的结语都是指向主语的，但仔细体味，又有一种指向宾语的印象。这一点我们在第七章再做进一步论述。

(13) a. 张太太推走了一辆购物车。

　　 b. 他递给老王一本书。

　　 c. 他递了一本书给老王。

　　 d. 他送上来一盘苹果。

　　 e. 他送一盘苹果上来。

　　 f. 他写给小王一封信。

　　 g. 他写了一封信给小王。

　　 h. 他写了一副春联给我。

　　 i. 我送阿哥到村口。

该组的中心有两种形式：[VR] 和 [V… R]。在这两种形式可以转换的情况中，R 为趋向动词，如果 R 为双音节趋向动词，不管是分离式还是黏合式，宾语只有一个；如果 R 为单音节动词，则宾语为两个，在分离式中，V 和 R 后都有宾语。只有 [VR] 一种形式的中心，后面跟单宾语。R 表示位置变化，指向宾语。

二、英汉不及物结果句式的中心

（一）英语不及物结果句式的中心

英语不及物结果句式中心的形式均为 [VR]，但在不同的种类中，V 和 R 的身份不同。

(14) a. The bottle floated into the cave.

　　 b. Bill rolled out of the room.

c. The hunter and his dog ran into the forest.

d. They walked to the station.

该类中的动词为不及物位移动词，R = PP，表示位置变化。

（15）a. He coughed awake.

b. She jerked awake.

例（15）中的句式中心里的 V 都属即行类，R 为形容词，表示状态变化。

（16）a. The witch vanished into the forest.

b. A rainbow appeared on the west sky.

c. The moon disappeared behind the clouds. （AHD）

d. The words "His resume is an American dream," a quota-tion from *Time* magazine, APPEAR on the screen. （FrameNet）

e. The trolley rumbled into the tunnel.

例（16）中的 V 或为隐现动词（appearing or disappearing verbs），或为发声动词（sound – emission verbs），R = PP，表示位置变化。

（17）a. The bottle broke open.

b. The river froze solid.

c. The laundry dried crisp.

d. The butter melted to liquid in half an hour if left out of the bridge.

e. Kim suffocated to death.

f. The vase shattered to pieces.

例（17）中的 V 都为状态变化动词，R = A，PP，表示变化的具体信息，明确变化的程度，一般表示程度之高。

（二）汉语不及物结果句式的中心

汉语不及物结果句式中心的总格局为［VR］，R 或为趋向动词短语，或为形容词（A）。

（18）a. 花瓶打碎了。

　　　b. 饭煮熟了。

　　　c. 手冻僵了。

　　　f. 酒喝多了。

　　　d. 门推开了。

　　　e. 门关了。

在该组中的句子中心里，R = A，表示状态或位置变化，动结结构有对应的及物用法。

（19）a. 杰克走累了。

　　　b. 老王喝醉了。

　　　c. 李四吃饱了。

　　　d. 他病倒了。

　　　e. 老王也是穷怕了。

该组句式中心里的 V 有的是及物动词，有的是不及物动词，还有的是形容词，R 为形容词或动词，表示状态变化。

（20）a. 那只知更鸟飞走了。

　　　b. 那只猎狗跑进了森林。

　　　c. 汽车驶进了停车场。

　　　d. 他们走远了。

　　　e. 一只苹果掉在了地上。

在（20）例句的中心里的 V 有的为自主动词，有的为非自主动词，R 表示位置的变化。

（21）a. 坑挖浅了。

　　　b. 那个坑挖浅了。

　　　c. 鞋买贵了。

　　　d. 那双鞋买贵了。

　　　e. 菜炒咸了。

该组中心里的 V 都是自主动词，R = A，表示对承载客事的相关行为的评价。

三、汉语特色结果句式中心的类型

本小节列出的汉语特色结果句式包括"把"字句、拷贝动词句、"V 得"句和三者的混合式。

（一）"把"字句的中心

"把"字句是现代汉语中典型的表示结果的句式，该句式的中心表征为［把… VR］，"把"为半图式性掌控动词，V 多为活动动词，R 表示位置或状态变化。我们的表征建立在"把"为掌控动词的基础之上。

我们对"把"的动词性假设包含两个方面：一是"把"为动词；二是"把"为具"掌控"义的半图式性动词（half schematic verb）。

　　作为一种有特色的结构，"把"字句是众多语言学家颇感兴趣的一个话题。而该句式中"把"的身份在研究中也成了他们关注的焦点问题之一。关于"把"字的身份问题，焦点在于介词和动词之争。流行的做法是视"把"为介词，作用是引出受事。在过去的研究中，多数学者持这种观点。（如黄伯荣、廖序东，1997：116 - 118；吕叔湘，1955/1984，2006；王还，1984：1 - 37；SUN，1991；等等）将"把"视为动词的学者也不鲜见，但在"把"的动词身份上观点不同。例如，王力（1943/1985）将"把"视为助动词，作用是引出目的位。赵元任（2002：251；1968/2004：359）将"把"视为前及物动词（pretransitive verb），常用来表示向外的方向。例如，"鱼吃了"有歧义，但"把食吃了"和"鱼把食吃了"就没有歧义，在这里，"吃"的方向是向外的，即别人实施这一动作或这一动作涉及别的事物。丁声树（2004：95）认为，"把"是一个次动词。这样的动词能带体词宾语，具有一般动词的性质，但是不做谓语里的主要成分，又跟一般动词相区别，所以叫"次动词"。Li 和 Thompson（1974/1981）和屈承熹、纪宗仁（2005：278）等将"把"视为副动词（co - verb），与其后的宾语构成副动词短语修饰后面的动词。Li D Y（2003）提出，"把"字句中的"把"是个轻动词（light verb）。这类动词可以像一般动词一样带补语，充当一个高层不完备谓语，需要一个同现谓语使它成为完备谓语。Bender（2000）认为，"把"是一个动词，在"把"字句中充当中心。

　　对"把"字身份的争议说明，"把"字的身份值得探讨。诸多前贤时彦将"把"视为这样或那样的动词也至少意味着，"把"虽不是一个典型的动词，但也绝不是一个典型的介词，它的动词性是较为明显的。虽然对"把"的具体含义的认识有别，在这里，我们仍持"把"为动词的观点。我们认为，"把"的动词性证据如下。

　　首先，"把"为介词存在困难。按照传统语法的观点，介词的主要功能是介引出跟动词所指动作行为或形容词所指性质状态有关的对象、施事、受事、时间、处所、方向、方式、原因、根据、目的、范围等。

具体到"把"字句，作为介词的"把"的功能要么被认为是介引谓语动词的宾语，要么是介引处置对象。如果将"把"视为提宾介词，对下面的"把"字句就难以解释。

（22）他把那个橘子剥了皮。

（23）哀怨的笛声把我们吹得心酸泪落。

（24）那场球把我看得很累。

在例（22）中，谓语动词"剥"的宾语是"皮"而不是"把"的宾语"那个橘子"。在例（23）中，"把"后宾语"我们"不仅不是谓语动词"吹"的宾语，而且，吹笛者是谁都不清楚。在例（24）中，"把"后宾语"我"不是谓语动词"看"的宾语，而是"看"的行为的发出者。

如果"把"介引处置对象，我们首先需要弄清楚处置义的实现问题。

关于处置义的实现我们见到的有四种观点。第一种观点认为，处置义是由处置动词实现的，代表人物是王力（1943）。这就是说，只有处置动词才能进入"把"字句。事实情况是，我们不难发现非处置动词进入"把"字句的例子。比如，王力先生说"我爱他"不能说成"我把他爱"。但是，"我把他爱死了"恐怕就没什么问题。"爱"不是处置动词，但能进入"把"字句。除了"爱"之外，能够进入"把"字句的非处置动词还有很多。再者，如果把所有能进入"把"字句的动词都归入处置动词，恐怕处置义就会面临过于空泛的问题。比方说，在上面例（24）"那场球把我看得很累"中，"看"如何处置了"我"，恐怕就难以回答。

正是看到了这点不足，Li 和 Thompson（1981）提出，处置义在于VP 的复杂性而不是动词本身。这种观点本质上是将处置义归于 VP，尤其强调了动词后面的补语成分。这样一来，所有进入"把"字句的 VP

都成了处置成分。但是，这种做法其实面临着将"把"后动词视为处置义的承担者所面临的类似的问题，即处置义过于泛化的问题。另外也给人一种印象，处置实际上就是产生一种结果。我们知道，英语中的结果构式出现很频繁。如，He struck the metal flat。很显然，这样做的结果同时也抹杀了汉语"把"字句的独特性。一个不容忽视的事实是，汉语的"把"字句使用非常广泛，能译成汉语"把"字句的英语句子绝非结果构式一种。

第三种观点以宋玉柱（1981/1996：24）为代表，认为"处置"应理解为：

> 句中谓语动词所代表的动作对"把"字介绍的受动成分施加某种积极的影响，以致往往使得该受动成分发生某种变化，产生某种结果，或处于某种状态。因此，这里的"处置"指动词与受动成分之间的关系，并不一定是主语所代表的人或事物的一种有目的的行为。

事实上，该定义与王力的处置义有异曲同工之妙，即都把处置看成动词和"把"后宾语的关系，换言之，是动词处置了"把"后宾语，区别在于前者暗示了处置动词和非处置动词的区分，而后者强调了动词所表示的动作对"把"后宾语造成的积极影响。这样一来，宋先生就把王力先生所面临的处置动词的困难解决了。但是，细想一下，王力先生遇到的困难在这里实际上依然存在，即动词如何处置"把"后宾语的问题。王还（1984：16）颇赞成这种观点，认为它概括面广，甚至把像"桑葚把孩子的舌头都吃紫了"这样特殊的"把"字句都包括了。那么，我们这里有个疑问，即动词"吃"表示的动作如何影响了"孩子的舌头"？恐怕单从"吃"的动作的影响是不能做出圆满解释的。王还（1984：16）在同意宋玉柱（1981）的观点的基础上提出，所谓处置是"把"字句整个句子的功能，而不是指介词"把"的功能。这代表了第四种处置观。应该说，这种从整体出发的观点很有道理。但是，这是一种比较笼统的做法。既然整个句子表现处置功能，就产生了这样一个问题，"把"字句 如何整句实现处置意义？所谓的这种处置义与"把"字句的各构成成分，尤其是"把"和动词，有何关系？这个问题恐怕在"把"为介词的情况下难以解决。另外，介词的主要功能是介引与动词所表示的动作有关的对象的，这和整个句子的处置义的关系何在并不清楚。

相对于"把"后面的动词来说，"把"后宾语既有为受事又有为施事又有为感事、与事、处所、工具等的情况使"把"作为介词的观点进退维谷。所以，有学者（范晓，2001）提出了一个折中的解决方案：根据"把"后宾语与其后的动词的意义关系，将"把"字句分为处置句和使动句两种。前者表示"处置名物以动词 V"，如"战士们把敌人歼灭了""他们把羊群放出去了"等；后者表示"致使名物以动词 V"，如"这件事把他感动了""你把他气得说不出话来了"等。在表处置义的"把"字句里，主语所指对"把"后宾语所指处置以某种动作。在该情况下，就出现这样一些问题：主语所指如何对"把"后宾语所指处置以某种动作？是因为"把"的原因，还是因为动词的原因，抑或是句式整体的原因？如果是"把"的原因，设若"把"在该情况下为介词，那么，主语所指处置"把"后宾语所指的问题会很难回答。而在表致使义的"把"字句里，舍"把"之外恐怕没有哪个成分能够表致使义了。这样分析，不难看出，在表致使义的"把"字句里，"把"应为一个致使动词。虽然在范文中没有具体论述"把"的性质，但是，我们不难看到，离开了对"把"的身份的准确定位，处置和致使的提法就无法得到合理的解释。可见，在这种折中的观点里，"把"作为介词的困难并没有解决。

综上所述，我们可以看到，在"把"作为介词的背景下，总有些问题难以解决。所以，在这里，我们认为，"把"是一个动词。"把"字句里的"把"作为动词的正面佐证如下。

第一，"把"有主语和宾语。

"把"后面可以跟体词性或谓词性宾语，这是动词的语法特点。如：

> (25) 秦波把陆文婷让到沙发上坐下，自己也隔着茶几坐下了。（体词性宾语，摘自《人到中年》第11章）
>
> (26) 这些人把办事认真看作死心眼。（谓词性宾语）

"把"字句中的"把"必须带主语，尽管有时候主语可以省略。如：

> (27) 我们不能把线装书束之高阁。
>
> (28) 现在把心用在学习上，没有学不好的。

在我们看来，动词带主语是动词的一个稳定的语法特点，因为不管什么种类的动词，有些可以不带宾语，但大多可以带主语。这一点和介词前的句子主语是不一样的。如：

> (29) 同学们正在黑板上写字。
>
> (30) 我们中国人用筷子夹菜。

试比较：

> (31) 众人……忙把宝玉抬入怡红院内自己床上卧好。
>
> (32) 那场球把我看得很累。

（29）中的"在"和（30）中的"用"是介词。在（29）里，"写"的动作由"同学们"发出，所以，句子主语"同学们"是"写"

的主语。（30）里的"我们"和"夹"的关系同理。如果将（31）的主语"众人"视为动词"抬"的主语的话，那么，把（32）的主语"那场球"视为动词"看"的主语就不行，因为很明显， （32）中"看"的主语是"把"后宾语"我"。如果按照许多学者的看法，将（32）里的"把"视为致使的话，那实际上意味着承认"把"为动词。这样，似乎就有了这样一个结论："把"在有些情况下是介词，在另一些情况下是致使动词。虽然几乎没有人这样提，但是，不难看到，以过去的看法为据，我们下这样一个结论似乎没有什么不合理。而这种结论恐难为大多数的学者所接受。这时候，如果我们把在任何情况下的"把"统一视为动词，这种分歧也就迎刃而解。

如果从认知语法对词类定义的角度来分析，我们不仅可以得出相同的结论，而且可以将主语和宾语标准统一起来。根据认知语法的观点，动词和介词都标示关系。但是，介词的凸显（profile）为非时间性关系，而动词的凸显为时间性关系或过程。从这个语义描述来看，不容易分辨出"把"是动词还是介词。但是，我们同时还注意到，在动词的语义结构中，要么射体得到突显，要么射体和界标都同时得到突显，换言之，要么射体在它的语义结构中为突显的（salient）次结构，要么射体和界标在它的语义结构中同时都是突显的次结构。如在动词"写"的语义结构中，作为射体的写者和作为界标的所写内容都是突显的内容；而在动词"跑"里，作为射体的跑者为突显的次结构。而在介词的语义结构中，首先突显的语义次结构只有界标。如在介词 under 的语义结构中，就只有 under 的语义次结构界标被突显。而只有在介词凸显的关系中的界标被详释（elaborate）后形成的合成结构里，射体才被突显，并且，这里的射体是中心，而合成结构是补足成分。这种现象在我们的规约性语言经验里是有据可依的。如我们不说"书在……下面"，却经常说"在桌子下面"或"在桌子下面的书"。在英语中的情况也是一样，如我们不说 the book under，但说 under the desk 或 the book under the desk。在"把"的语义结构里，不难看到，射体和界标是同时被突显的语义次结构，二者要和"把"同现，即使"把"的射体在构式中省略了，我们仍能感受到它的存在，这样才不会有语义空缺的感觉。具体来讲，谁或什么"把"和"把"什么或"把"谁都得到了突显。所以，从认知语法对词类的定义分析，"把"是动词。

第二，"把"可以被否定词"不、没有"等修饰，而且，一般情况下，"把"字句的否定都落在"把"上，而不是落在"把"后面的动词上。如：

（33）李四没有把房子拆了。

（34）＊李四把房子没有拆了。

但是，有时候，否定词既可以出现在"把"前，也可以出现在"把"后动词前。如：

（35）？李四把张三不当人。

（36）李四不把张三当人。

（37）李四没有把张三不当人。

否定词既可以出现在"把"前又可以出现在"把"后动词前的事实再次表明了"把"的动词身份。不过，我们仍然认为，否定词出现在动词前是少数情况，是习语性的（idiomatic）。

第三，"把"前可以有"要""能（够）""一定"等情态动词。如：

（38）我们一定要把黄河治理好。

（39）我们一定要把"三个代表"的精神领会透。

有些学者（如 Zou，1993 等）认为"把"不是动词，因为它不符合检验动词的标准。

一般认为，在现代汉语中，把动词和介词区分开来的主要标准有以下四条：

第一，"体"标记的有无。动词可以带"体"标记，能跟动态助词，而介词不能。

第二，句法位置。介词和动词的相对位置为："动词 +（名词）+ 介词 + 名词"或"介词 + 名词 + 动词 +（名词）"。

第三，重叠。动词可以重叠，而介词不能。

第四，单独回答问题。动词能单独回答问题，而介词不能。（参看马贝加，2002：4；董秀芳，2007）

但是，正如有些学者（如 Tai，1982：495；Bender，2000：119 - 122）已经发现的，这些标准具有充分性，而不具有必要性。现在，我们来分别看一看这些标准的有效性程度。

第一，"体"标记的有无。

（40）表明，"把"字句里的"把"后不能跟任何体标记。

（40）a. 他写了/过/着一本书。

　　　b. *他把了/过/着书写。

但是，有些别的动词也不能带体标记。如：

（41）a. *他是了/着/过学生。

　　　b. *他在了/着/过厨房里。

（42）a. 老师让我做作业。

　　　b. *老师让了/过/着我做作业。

第二，句法位置。

对于"把"字句来说，"把"出现在动词前的介词位置上，即"介

词 + 名词 + 动词 + （名词）"形式（pattern）的位置上。如：

（43）她把青春慷慨地奉献给一堂接着一堂的课程，一次接着一次的考试。（《人到中年》第 3 章）

不过，我们注意到，"把"前后都可以用介词短语，而介词不能。如：

（44）护士忙从消毒盒里把旧针取出来。（《人到中年》第 13 章）

（45）傅家杰把手从额上放下。

第三，重叠。动词重叠主要有四种形式：AA、A－A、A－A 和 A 不/没（有）A。前三种也是表体态的形式，后一种是简短问句。前三种的例子见于（46）、（47）、（48），分别表示尝试态和已然态。如：

（46）先打扫打扫房间，然后再离开。

（47）我挥一挥手，不带走一片云彩。

（48）她拍了拍身上的雪花。

不过，以上表体态的重叠只局限于有些动词。（49）—（52）以 A 不/没（有）A 表疑问。

（49）他去不去？

（50）明天我们去郊游，你去不去？

（51）你昨天去没去郊游？

（52）你昨天去郊游没去？

试比较（53）—（56）。

（53）＊他把没把？

（54）＊李四把房子拆了，你把没把？

（55）李四把没把房子拆了？

（56）＊李四把房子拆了没把？

可以看得出来，在 A 不/没（有）A 里，"把"不能单独构成简单问句，也不能构成句尾疑问。但是，一些别的动词也有这样的限制。如（57）—（60）：

（57）＊你认为没认为？

（58）＊这件事这样做不合适，你认为没认为？

（59）你认为不认为这件事这样做不合适？

（60）？你认为这件事这样做不合适不认为？

因此，该标准也不能证明"把"不是动词。

第四，单独回答问题。

很多动词能对问句做出简略回答。如：

（61）A：你来不来？

　　　B：来。

（62）A：运动会期间放假吗？

　　　B：放。

"把"不能对任何问题做出简单回答，这是事实，但是，有些动词也是如此。如：

(63) A：你认为他明天回来吗？

   B：＊认为/不认为。

(64) A：他说的话使你相信他了吗？

   B：＊使了。

可见，能否单独回答问题同样不能确定某个词的动词身份。

综上所述，"把"字句中的"把"具有动词的特征，而现行区分介词和动词的标准又不能证明它的非动词身份。据此，我们认为"把"字句中的"把"是一个动词。不过，很显然，"把"是一个特殊的动词。那么，"把"是一个什么样的动词呢？它的意义特征是什么？在"把"字句中它的地位如何？我们认为，"把"是一个"掌控"动词（handling verb），它的意义既实且虚，在"把"字句中从其后的动词 V 中衍生出小句中心［把 … VR］。

我们认为"把"的意义是"掌控"，是一个半图式性动词（half schematic verb）。"把"是一个半图式性动词的含义是："把"有意义实在的一面，即"掌控"；但是，作为动词，"把"和一般的动词相比，它的动词义需要进一步详释。从认知语法的角度看，动词标示过程或时间性关系。同其他关系结构一样，动词所标示的关系由射体（tr）和界标（lm）构成。一般动词标示的过程在意义上是完全的，射体和界标只被识解为过程参与者的名词短语的具体化，如动词"写"，它的射体和界标都是名词短语，比方说可以是"我"和"文章"。但是，作为动词的"把"所标示的关系里不仅有突显的由名词性短语详释的事物次结构，而且有由动词短语详释的过程次结构。如，我们不可以说"母亲把她"，但是我们可以说"母亲把她抚养成人"。前者不能说是因为名词短语"母亲"和"她"仅详释了"把"所预设的突显的事物次结构，而"把"突显的过程次结构没有得到详释；后者之所以合法，是因为"把"所有的突显的次结构都得到了详释。所以，用认知语法的术语讲，"把"为半图式性动词，也就是说，"把"虽具"掌控"义，但是它所标示的过程意义预设另外一个有待进一步详释的过程次结构。"把"字句中的"把"为什么是一个"掌控"动词呢？我们认为，这是汉语语言系统发展的需要与原为实义动词的"把"联合作用的结果。

"把"是一个多义词，从本义上讲，它是一个实义动词，意为"握，持，攥"，如"操刀把杖以击之"（王充《论衡·顺鼓》）。后来在古汉语中又出现了"把"的量词用法，如"清晨送菜把"（杜甫《园官送菜》诗）。"把"字句在唐代开始出现，彼时与"将"字句共存。"把"字句和"将"字句共存的局面持续到近代，等到了现当代，"把"字句基本上一统天下了。（马贝加，2002：226 – 233；石毓智，2006：92 – 134；梅祖麟，1990：191 – 205）

在现代汉语里，一般认为，"把"主要用于量词和介词。试看吕叔湘（2006：52 – 56）对现代汉语里"把"的用法的归纳。[1]

　　"把"[1] 量词。1. 用于有柄或有类似把手的器物。如"一把刀""一把茶壶"等。2. 可用一只手抓起来的数量（包括用绳捆起来的东西）。如"一把炒面（小米、土、沙子）"。引申用于骨头。如"我这把老骨头还想为人民干点事呢。"引申用于同手的动作有关的某些事物。数词限用"一"。如"一把鼻子一把泪"。"把"前可加"大、小、满"，强调数量的多少。3. 用于某些抽象事物。数词限于"一"。如"一把气力""一大把年纪"。用于领导职务前，前面限用序数词。如"第一把手"。4. 用于能手等。数词限用"一"。如"养月季花，他可是一把（好）手"。5. 次。用于同手有关的动作。数词多用"一"。a）动 + 数 + 把。如"拉了一把"。b）数 + 把 + 动。表示动作快而短暂。数词限用"一"。如"一把抱住了小华"。

　　"把"[2]，介词。用在动词前，"把"后的名词多半是后边动词

---

①　出于简约目的，在表述引例时进行了必要的省略、压缩、合并等处理。

的宾语，由"把"提到动词前。1. 表示处置。名词是后面及物动词的受动者。如"把信交了"。2. 表示致使。后面的动词多为动结式。如"把问题搞清楚""把小宇高兴得手舞足蹈起来"。3. 表示动作的处所或范围。如"把个北京城走了一多半"。4. 表示发生不如意的事情，后面的名词指当事者。如"偏偏把老李给病了"。5. 拿，对。如"他能把你怎么样"。

在现代汉语里，"把"用作实义动词的范围较小，似多属一些固定搭配。

1. 用手握住。如"把舵"。2. 用手托着小孩的两腿，让他大小便。如"把尿"。3. 用手捏住手腕附近检查。如"把脉"。4. 把持；把揽。如"相信群众，不要把工作都把着不放手"。5. 看守；把守。如"把门"。6. 紧靠。如"把墙角站着"。7. 约束住不使裂开。"用铁叶子把住裂缝"。(《现代汉语词典》2002：19)

我们先看"把"的量词用法。"把"的量词用法始于动词之后，都是从动词的本义发展而来的。"把"作量词用于有柄或有类似柄之物的实质是激活了"握"的部位这一特点。为了握着方便，人们在握有柄之物时，都倾向于握住物体之柄。用于一只手抓起来的数量的实质是激活了抓的数量这一特点。在不求绝对精确的情况下，一只手抓起来的数量可以作为计量手段。一把能够抓起来的数量对一般人来说都不会认为是一个大的数量，所以，当引申用于骨头时，就突出了骨头少的意思，而骨头很显然是身体的隐喻，因此，"一把老骨头"就有了力量有限的含义。而引申用于同手的动作有关的某些事物时，"握"义里用手这一工具和这些动作的工具重合，而这种共同的工具就成了引申的基础。用"一把"表示抽象的事物也是"把"的隐喻用法之一。有趣的是，"把"在修饰抽象名词时有时表数量小，有时表示数量大。如"一把气力"是言气力之小，而"一把年纪"表年纪之大。在我们看来，"一把"都表小量，"一把年纪"亦然。在中国文化里，人们说"一把年纪"的时候，都暗含老而无用的意思。如"我们都一把年纪了，以后就靠你们年轻人了。""我现在一把年纪，不想那么多了。"在实施动词"把"表示的动作时，要用到手，而善于用手做事的人称为"能手"，这样，两者在用手做事方面就有了共同的基础，所以，动词"把"能引申用来表示"能手"。"能手"是有能力的人，有能力的人适合做领导，因为"把"用于"能手"，所以能够引申用来表示"领导"，依据级别高低，就有了"一把手""二把手"的区分。用"把"来表示与手有关的动作的次数，其实质是突显"把"表示的动作的工具。

由此看来，"把"做量词其实是激活了"把"作为动作所包含的各种意义以及由此进行的语义扩展。"握"的部位、"握"的数量、"握的工具"等分别被突显用于各种具体的或抽象的物体或人或动作。

"把"在现代汉语里作为实义动词的用法更是与把的"本义"密切相关。在作"握"义解时是直接继承了原义的用法。而其他的引申用法亦与"把"的各种语义特征相关。"把"做动词表示手的动作，"把尿"也是手的动作，所以，"把"动作中的"手"的动作在此基础上被扩展。最典型的控制是通过用手抓住或握住实现的，而在"把持""把揽"等里面，主要凸显的是实在的而又抽象的控制义。因为"握住"所以得以控制，控制住了就动不了，动不了所以坚固，所以，在"用合页把住裂缝"里，"把"所表达的约束而不使裂开义是控制住以后的结果。"把门"时让谁进不让谁进把门者说了算，因为他直接控制着进出门权。而在"把关"里，现在主要是抽象用法，意思是通过控制标准和要求从而保证一定的质量。

显然，"把"作为实义动词在现代汉语的用法中除了留存的本义用法之外主要表现在掌握和控制上。而这正是把字句里"把"的主要意义值。试看下面几句话：

（65）若遇七贤，必自把臂入林。（《世说新语·识鉴》）

（66）醉把茱萸仔细看。（杜甫诗）

（67）明月几时有，把酒问青天。（苏轼《水调歌头》）

（68）欲把杭州刺史欺。

（69）妈妈把衣服洗干净了。

在（65）里，"把"作为实义动词意为"握"或"抓"义。体现某人与七贤的胳膊之间发生的一种能量传递和接触，"把"与后面的"入"构成一种连动关系。（66）中的"把"表现为"拿"义，这时，它与"看"的语义关系除了连动之外，还存在一种目的关系，即"把茱萸"是为了（仔细）"看"（它）。（67）中的"把"为端起义，和后面的"问"（青天）也构成连动和目的关系。① （65）、（66）和（67）中的"把"有一脉相承之处，在这三句中，"把"所表示的动作过程在时间上都包含了后面发生的动作。我们很难想象，"把臂入林"时抓住臂后马上放开，然后一块入林。同样，看茱萸时茱萸一定还在手上；问青天的时候不会把酒杯松开或扔在地上。

在（68）和（69）里，"把"的语义已经虚化，成了"掌控"动词。此时的"掌控"义是抽象的，但又是实在的，我们能感受到这种控制力，但是又不能清楚地"抓住"它。如在"欲把杭州刺史欺"里，怎么可能把"杭州刺史"抓在手里。这正是我们将"把"视为半图式性动词的生理和心理感受基础。而我们也看到，"掌控"动词"把"与"把"后面动词的关系也是一种目的关系，只不过是一种实现的目的关系。而在后面的动词过程进行当中，"掌控"义也是一直存在的。这时，我们不难看出（65）到（67）三个例子与（68）和（69）的平行相似关系，但是，前后虚实有别。因此，"把"的"掌控"义是"把"

----

① 也许有人感觉目的关系有点蹩脚，但是，我们可以试想，在其他时候喝酒，苏轼会把酒问青天吗？

在虚化进程中出现的结果。那么，为什么是"把"虚化的结果呢？还有，为什么虚化之后"把"的意义是"掌控"而不是其他呢，如致使、处置等？下面我们试回答这个问题。

我们不难看到，在"把"的连动用法中，不仅"把"和它后面的动词的位置相对固定，二者的意义关系也都相对固定。但是，相对于后面的动词，"把"的语义比较单纯和统一，所以"把"出现了虚化。参照前面的讨论，我们看到，除了本义之外，"把"比较统一的意义即"掌控"，所以，虚化的结果才导致了"把"的"掌控"义的产生。

这很显然是一种过于简化的分析，我们接下来通过比较来做进一步的说明。我们可以把与"把"字句里的"把"有关的三个动词性意义放在一起来考察，即处置、致使和我们提出的"掌控"。处置有鲜明的心理认知感受基础，但是，遗憾的是，我们对于处置的含义都没有一个统一的认识。也就是说，处置义到底体现什么样的语义关系到现在还众说纷纭、莫衷一是。到底处置指的是处置动词与"把"后宾语的关系（王力，1943），动词和受动成分之间的关系（宋玉柱，1996：24），还是整个句式的语义功能（王还，1984）①，抑或是说话人的一种主观处置（沈家煊，2002）等，我们没有达成统一的认识。② 这样，吕先生的"把"字处置说不可避免地也同样处于争议之中。如果说"把"表致使，（68）那样的句子却明明让大多数人感到是处置。再者，致使或使因的概念概括域很广，不独局限于"把"字。它是原型施事的基本特征（陈平，1994）；每个主语总是被主语位置给予施事特征，不管是什么样的主语（Taylor，2002：421；任鹰，2005；等等）。换言之，所有主语都有施事性，通过动词表现出来。这样看来，"致使"或"使因"就显得很笼统，不足以概括出针对"把"字句中的"把"的特殊语义

---

① 需要说明的是，王还（1984）指出了这一点，但是没有说明该句式怎么体现了这种功能。这影响了该观点的理论说服力。

② 我们认为，处置义能在"把"字"掌控"义的背景下得到比较有效的解释。（详参席留生，2015：第四章）

特征和语义关系。

应该说，"掌控"义的抽象度与"处置"和"致使"不相上下，但是，"把"能脱颖而出在"把"字句中表"掌控"，跟它与本义的语义距离接近很有关系。试比较"握；持；攥 → 处置""握；持；攥 → 致使"与"握；持；攥 → 掌控"。词义的扩展一定是建基于原有意义之上。"在抽象程度相同的条件下，意义距离本义越近，该意义越容易成为本义的扩展义。"虽非公理，但是，纵观词义多义现象，该命题的合理性似乎不言而喻。因此，我们把"把"字句里的"把"的语义值概括为"掌控"的合理性也不难理解。

另外，"把"的"掌控"义也是适应表义丰富性的需要而产生的。随着社会的发展和人类文明的进步，我们的语言系统需要表达的内容越来越丰富，而为了表达的方便，人们又倾向于用简单明了的语言形式来表达丰富的内容。这就导致一个矛盾的出现，即语言表达式的有限性和所要表达的语义的丰富性之间的矛盾。解决矛盾的途径之一是给语言表达式扩容。能够实现这种需要的旧有表达式通过扩容在语言系统中以新的姿态保留下来，而不能适应这种需求的表达式渐渐淡出语言表达系统。在语言发展史上，"将"字句代替"以"字句，而"把"字句代替"将"字句得以幸存并兴旺发达与这种动因是分不开的。

"处置式"肇始于秦汉，初为"以"字句，南北朝以后逐步被"将"字句替代，而"把"字句初见于唐代，到宋元明时"把"字句和"将"字句激烈竞争，一度几乎达到混合使用的地步，但是在大部分的情况下区别仍然存在，到了19世纪、20世纪之交，后来居上的"把"字句完全取代了"将"字句。（参看王力，2005：266 - 271；马贝加，2002：226 - 233；石毓智，2006：111 - 134）石毓智（2006：113 - 134）认为，"将"和"把"的语义基础不同，二者同中有异。共同的特点是两者都表示"拿、握、持"等与手有关的动作；不同的是，"将"强调"使客体位移"，"把"着眼于"用手抓住物体"。这种同中之别影响到它们作为处置标记的功能差别，也成为它们共存和竞争的理由。

重要的是在两者共同的竞争中，"把"也获得了"使客体位移"的含义，也就使它兼有了"将"语法化的语义基础。这使得"把"在后来的竞争中逐渐取得了优势。石先生的论点来自语言发展的事实，应该说无可厚非。但是，两者语义基础的不同同时也决定了在虚化进程中的方向。"把"的语义相对单纯，而"将"除了"拿、握、持"之外还有"位移"之义，而且还可以用其他方式来引起客体的位移。从"拿、握、持"到"掌控"表示从具体到抽象的投射，是一个很自然的过程。而从"使物体位移"到"掌控"就显得比较勉强。但是，"掌控"之后，人们可以使"掌控"之物经历某种动作过程，包括位移。所以，"把"的"掌控"义提供了"将"字句融入"把"字句的条件，从而使得"把"字句最终取代"将"字句。不仅如此，连同许多学者认为的表致使意义的"把"字句也都被包容了进来，如"那班学生把徐老师教得很辛苦"。

由此可见，现代汉语中的"把"的意义表现为一个多义网络。其中，"把"字句中的"把"的"掌控"义来自"把"的本义，是本义与表义丰富性要求相互作用的结果。正因为如此，我们在现代汉语中看到的是"把"字句，而不是"将"字句、"使"字句来表达如此丰富的语义内容。

确定了"把"的掌控动词身份之后，"把"在"把"字句中的功能也就随之明确了：从其后的动结结构中衍生出中心成分 [把… VR]。

（70）a. 妈妈把衣服洗干净了。

b. 衣服把妈妈洗累了。

c. 列宁把花瓶打碎了。

d. 他把小王急哭了。

e. 张三把老王气坏了。

f. 老大娘把受伤的战士背回自己家中。

g. 张教授把车开到语言大学南门接朋友。

h. 这孩子把过冬的衣服都穿上了。

这里的 V 大都为活动动词，在相对少数情况下为表示致使的形容词，R 为形容词，表变化的状态［（70）a – e］，或为趋向动词短语，表位置变化［（70）f – h］。

（二）拷贝动词句的中心

拷贝动词句中心的格局为：［V1… V2R］，V1 和 V2 同指，R 为形容词，表变化的结果。

（71）a. 宋老师写文章写累了。

b. 他吃水果吃饱了。

c. 他们吃面条吃腻了。

V 为活动类动词，几乎都是及物的，R 为形容词，表示状态变化。

（三）V 得句的中心

V 得句中心的格局即［V 得］，后面跟状态，V 可为及物动词，也可为不及物动词，也可为形容词，"得"后跟表示状态的补语。

（72）a. 他们已经走得很远了。

b. 那只风筝飞得高。

c. 看到拖拉机开过来，孩子连忙躲得远远的。

d. 汽车喇叭一叫，吓得那孩子直哭。

e. 小刘笑得气都喘不过来了。

（四）混合式

混合式可以分为三种：①把字句＋V 得句；②拷贝动词句＋V 得句；③拷贝动词句＋把字句。

第一种"把字句+V得句"混合句式的中心格局为：[把…V得]。

（73）a. 你们都把眼睛睁得大大的。

b. 服务生们把每一张桌子都擦得锃亮。

c. 李四把张三追得直喘气。

第二种"拷贝动词句+V得句"混合句式的中心格局为：[V1…V2得]。

（74）a. 小胡看电视剧看得夜不能寐。

b. 杨老师写文章写得手都酸了。

c. 王先生熬夜熬得黑眼圈都出来了。

第三种"拷贝动词句+把字句"混合句式的中心格局为：[V1…把…V2得]，V1与V2同指。

（75）a. 看球赛把小胡看得兴奋不已。

b. 做项目把小李做得累死了。

c. 开车把他开得腰都疼了。

第四节　小　结

在本章中，循着从语法构式中心到小句中心，再到英汉结果句式复杂中心的路径，我们论证了英汉结果句式中心的内涵。我们认为，英汉结果句式的复杂中心与英汉结果句式的关系是一种类型—实例关系。这种关系既是一种多层次的图式—实例关系，也是一种决定和被决定的关系。复杂中心作为整体，而不是中心中的某个成分，决定了结果句式的组织结构。

最后，我们刻画了英汉结果句式中各种次类的中心。需要说明的是，这些中心的表征虽然采用了传统的句法结构形式，但它们都是象征结构。也就是说，它们都是有意义的。

英语及物结果句式中心的格局以分离式［V…R］为主，以黏合式［VR］为辅，R 主要为形容词和介词短语，也存在少数 R 为名词和副词的情况；汉语及物结果句式的中心以黏合式［VR］为主，以分离式［V … R …］为辅，R 主要为形容词、不及物动词和趋向动词（短语），也有少量及物动词。

英语和汉语不及物结果句式的中心都呈黏合形式［VR］。在表示状态变化时，R 多为形容词，但在表示位置变化的复杂中心中，英语的 R 多为 PP，而汉语的 R 一般为趋向动词短语。

汉语中三种有特色的结果句式的中心各自有别，分别为："把"字句的中心为［把… VR］，"把"为半图式性掌控动词，V 多为活动动词，R 表示位置或状态变化；拷贝动词句中心的格局为［V1 … V2R］，V1 和 V2 同指，R 为形容词，表变化的结果；"V 得"句中心的格局即［V 得］，V 可为及物动词，也可为不及物动词，也可为形容词，"得"后跟表示状态的补语。

特色句式的混合式主要有三种，它们的中心呈现出混合型特点。"把字句 + V 得句"混合句式的中心格局为［把… V 得］；"拷贝动词句 + V 得句"混合句式的中心格局为［V1 … V2 得］；"拷贝动词句 + 把字句"混合句式的中心格局为［V1 … 把 … V2 得 ］，V1 与 V2 同指。

英汉结果句式中心中的 R 都可表示位置变化、状态变化，但英语中的 R 还可以表示结果达到的程度，汉语中的 R 还可以表示评价。

第五章

英汉结果句式功能动因

　　语言结构都是视角化的，换言之，每个结构都提供了一种说话人对所表达的内容的视角。语言结构在表达上也都是有所侧重的，它选择不同的语义内容"放"在台上，给予不同的事件参加者（或情景成分）不同的显著度（prominence）。作为表达事态的语法构式，句式是集中体现这些方面的所在地（locus）。说话人在运用语言中的句式资源时，同时也就为所表达事态（情景或事件）施加了自己的识解，即体现了不同的视角，选用了不同的关注内容，对关注的内容的不同成分给予了不同程度的关注。它们集中构成了说话人的表达意图或交际功能，成为句式使用的功能动因。

　　英汉结果句式的突出特点是显性地表达结果，所以，从总体上来说，它们都具有显明事件结果的功能动因。同时，结果的表达形式因句式而异，所以，不同的句式在结果的表达上体现出不同的功能动因，如有的是表达一种必选性的（obligatory）或必不可少的事件结果［如 He sent a present to Mary on her birthday（在玛丽生日那天，他送了一件礼物给她）］，有的是明确事件的结果（对比"他粉刷了那面墙"与"他把那面墙粉刷成了粉色"），有的是强调结果［如 He broke the vase into pieces（他把花瓶打成了碎片）］。在本章中，我们主要致力于英汉结果句式的功能动因描写，发现它们在该方面的异同之处。

第一节　英语结果句式的功能动因

在本节中，我们分两个小节分别讨论英语及物和不及物句式的功能动因。

一、英语及物结果句式

（一）表达必不可少的事件结果

（1）a. John put a book on the top shelf.

b. I sent a walrus to the zoo.

c. The chief assigned three detectives to the case.

d. Veronica left her keys in my office.

以上各例的共性是，结语语义均指向宾语，结语必不可少，否则句子不合法。它们的结构可以表征为［S V O R］（R = PP）。这些句子中的动词语义都预设宾语及其结果。在 a 句中，put 后接了 a book，a book 后接了 on the top shelf，表示把书放到书架最上面。但是，我们既不能说 * John put a book，也不能说 * John put on the top shelf 或 * John put a book during the top shelf。原因在于 put 这个动词要求后面接一个名词以及一个表示位置的介词短语。b 句中，sent 后接了 a walrus，walrus 后是 to the zoo，表示把海象送到动物园。同样，sent 要求后面接一个名词以及介词 to，并且只能是与格介词 to（dative preposition）。因此，我们不能说 * I sent a walrus on/in/under the zoo。b 句也可以转换为 I sent the zoo a walrus 的形式。c 句中，assigned 意为指派，既然是指派，那么后面一定要有成分可供指派，所以接了 three detectives，可是句子如果就到这里结束，我们会发现语义缺失，所以还需要一个介词短语 to the case，即主管为这个案子指派了三名侦探。d 句中，Veronica 是动作的发出者，left 在这里表示"把某物落在某处忘了带走"，因为 left 这个动词语义上要求必然有什么东西 Veronica 落在了某个地方忘记带走，所以其后需要接一个宾语，即 her keys。地点需要用副词或介词短语来指明，这里接了 in my office，即 Veronica 把她的钥匙落在了我的办公室。

（二）明确事件的结果

（2）a. Mary painted the wall red.

b. Kelly wiped the table clean.

c. Martha feeds chickens fat.

d. They muddied their faces white.

e. John pushed the door open.

f. Pat kicked Bob black and blue.

（2）中的结果句式可以表示为 [S V O R]（R = Adj）。它们与（1）中的句子相比，有两个主要差别。首先，（1）中的句子表示位置移动的变化，而这里的句子表示状态变化。其次，我们如果删去（1）中句子中的介词短语，由于不符合动词语义的预设条件，就会导致句子不合法。但是，如果我们去掉例（2）各个句子中的结果短语，却并不影响该句子的合法性。如：

a′. Mary painted the wall.

b′. Kelly wiped the table.

c′. Martha feeds chickens.

d′. They muddied their faces.

e′. John pushed the door.

f′. Pat kicked Bob.

　　在 a′-f′中，位于动词后面处在宾语位置的受事经历了状态变化，但是变化后的具体结果我们却并不知道。（2）a 句中的 Mary 是动作的发出者，wall 是受事。表示 Mary 把墙刷成了红色，而去掉 red 后的 a′则是 Mary 刷了墙，在语法上仍然是一个合法的句子。我们只知道 Mary 刷了墙，而且可以推测颜色应该发生了变化，但是并不知道墙在经历了粉刷后到底变成了什么颜色。（2）b 是说 Kelly 把桌子擦干净了。但是 b′只说了 Kelly 擦了桌子，并没有提及是否擦干净了。同样的，（2）c 说 Martha 把小鸡喂肥了，但是 c′句只说 Martha 喂了小鸡，并没有提及有没有把小鸡喂肥。也有可能只喂了一小口，小鸡甚至都没有吃饱。d—f 的情况可做类似分析。因此，通过提供事件参加者的准确结果信息，结果句式可以用来详细说明（specify）事件参加者的结果状态。

> （3）a. Pat kicked his football into the stadium.
>
> 　　b. Move it into place.
>
> 　　c. He threw a stone at the monkey.

　　我们可以看到，例（3）中出现了 into the stadium，into place 以及 at the monkey，它们都是动作发出后的目标，即受事在经历动词所表征的动作后，最终去往的场所。在（3）a 中，Pat 作为动作的发出者，把他的足球踢进了体育场。（3）b 中虽然没有直接出现施事，但我们不难看出这是一个祈使句，所以充当的施事应当是 you，指 "你把它移动到位"。同样，在（3）c 中，"他" 是动作的发出者，把一块石头扔向猴子。因此，例（3）与例（1）的区别在于，例（1）中表位置结果的介词短语不可或缺。

> （4）a. British UN troops shot dead three Croat gunmen who fired
>
> 　　　on a Muslim aid convoy near Vitez in central Bosnia today
>
> 　　　after Croat forces had shot and killed eight of the convoy's

drivers.

b. Some were rinsing brooms; some were scrubbing clean the pans they'd used for plastering, scouring them with river silt and grass.

c. Cornelius pulled open the rucksack.

这里的三个句子比较特殊，与前面的句子显著不同。在 a 句中，施事是 British UN troops（英国联合国部队），动词是 shoot（开枪），three Croat gunmen（三个克罗地亚枪手）是动词 shoot 的宾语，但是我们可以看到宾语并没有直接接在动词后面，在它们之间有一个结果短语 dead，与之构成了 shot dead 这样的形式。意为"英国联合国部队枪杀了三名克罗地亚枪手……"。b 句中，some（一些人）是施事，动词是 scrub（擦洗），这是一个及物动词，不难看出它的宾语是 the pans（锅），但是宾语同样没有直接接在动词后面，接在动词后面的是 clean，二者构成 scrub clean（擦洗干净）。这句话的意思是"一些人正在借助河里的淤泥和草把他们用来抹灰的锅擦洗干净"。c 句中，Cornelius 是动作的发出者。动词是 pull（拉），是一个及物动词，它的宾语是 rucksack（帆布背包）。同样的，rucksack 作为宾语，没有直接接在 pull 后面。pull 后面是 open（开），两者构成 pull open（拉开）。意为"Cornelius 拉开帆布背包"。我们可以清楚地看到，这三个句子中的动词和结果短语直接相连构成黏合结构，可描述为［S VR O］，与汉语的动结式相像。而在我们之前的例子中，动词和结果短语的关系都呈现与之不同的分离式。

（2）、（3）、（4）中的例句之间的共性是，结语去掉后句子照样合法，结语的出现是为了明确事件中宾语发生的变化；它们的不同在于，（4）中的例句的中心是黏合式的，而（2）、（3）中的例句的中心是分离式的。

（三）强调事件的结果

（5）a. John broke the dishes into pieces.

　　b. She shattered the vase to pieces.

　　c. They melted the butter to liquid.

　　d. He suffocated Kim to death.

　　e. The fridge froze the water solid.

在这几个句子中，a句：John把盘子打碎了。b句：她把花瓶打碎了。c句：他们把黄油融化成液体。d句：他把金闷死了。e句：冰箱把水冻成了冰。这里的这几个动词的共同点是，本身就包含结果。也就是说，在正常的语境下，像 break、shatter、melt、suffocate、freeze 等词本身就能传达有关事件参加者状态变化的信息。试比较：

　　a′. John broke the dishes.

　　b′. She shattered the vase.

　　c′. They melted the butter.

　　d′. He suffocated Kim.

　　e′. The fridge froze the water.

可以看到，在a句中，如果把后面的 into pieces 去掉，只剩下 John broke the dishes，它的意思仍旧是"John把盘子打碎了"。同样，如果把b句中的 to pieces 去掉，只剩下 She shattered the vase，意思也仍旧为"她把花瓶打碎了"。c—e 可做类似分析。那么既然这些动词本身就已包含活动以及其结果，那么我们为什么还要加上诸如 into pieces、to liquid 等这些额外的介词短语呢？原因是，如果说话人想要指出一些有关事件参加者（在这里即受事）结果状态的特殊方面，那么就可以通过提供额外信息来强调该事件的结果。在我们以上所举的例子中，比如d

句，to death 就充当了这样的一个角色。从说话人的角度看，He suffoca-ted Kim 还不够，需要借助 to death 来特别强调事件的结果，他已经死了。这种处理方式也可以叫作"详解"，即后面的介词短语的作用是详解前面的动词所蕴含的结果。

（四）使用非典型事件参加者表达事件结果

> （6）a. They drank the pub dry.
>
> b. He drank Tom under the table.

这两句中的宾语比较特殊，并不是动词次范畴化的类型。在 a 句中，drink（喝；饮）的常规宾语应该是饮料、酒、水等液体，而不应该是 pub（酒馆），pub 不是 drink 的直接作用物。这种句子意思反常，属于非常态，是过度化（overdoing）的具体体现。但是，句子的意思却非常容易理解，说"他们把酒馆喝干了"，我们知道其实是指把酒馆里的酒全都喝干了。原因在于当我们看到 pub 时，会激活其活跃区。直接参与者"酒"没有出现，而出现了与之相关的"酒馆"。在 b 句中，drink 后的宾语是 Tom，Tom 是一个人的名字，显然不是 drink 的典型宾语。正常语境下，这个句子要表达的肯定不是"他在喝 Tom 的血"这般血腥的场景。这句话的字面意思是他把 Tom 喝到了桌子底下，言下之意就是他和 Tom 喝酒，以至于喝到最后 Tom 醉倒，躺在了桌子底下。

> （7）a. The joggers ran the pavement thin.
>
> b. The man ran his legs sore.
>
> c. Sue danced Pat tired.
>
> d. Michael drove me to D. C.
>
> e. Michael drove me home.
>
> f. Sam walked him to the car.
>
> g. Professor Smith talked us into stupor.

h. The critics laughed the show out of the town.

i. They laughed the poor guy into his car.

j. Sam sneezed the napkin off the table.

例（7）中一共有 10 个句子，和前面的例子不同，仔细观察会发现它们的动词都是不及物动词。a 句中的动词 ran（跑步），本身不需要加任何宾语，但是该句中不仅带了宾语 the pavement（人行道），还伴随有一个结果 thin，意为"慢跑者把人行道给跑薄了"。b 句中，同样 ran 后面本不需要宾语，但是却带了 his legs（他的腿），结果是 sore（痛），意为"这个男子把他的腿给跑痛了"。c 句中，Sue 是主语，dance 本是不及物动词，不需要宾语，这个句子表示 Sue 和 Pat 跳舞，最终把 Pat 给跳累了。d、e 中的动词都是 drive，Michael drove me to D. C. 可以理解为 Michael took me to D. C. by driving a car。对应的，Michael drove me home 则是 Michael took me home by driving a car。这体现了简约化。f 句中，walk 本身也是不及物动词，walked him 并不是把他走了，加上表示结果的介词短语 to the car 后，意为"Sam 带他到车的位置"。g 句意为 Smith 教授把我们说昏过去了。h 和 i 句的动词都是 laugh，分别是"批评者们把这出戏笑出了城"和"他们把这个可怜的男孩笑进了他的车"。j 句中 sneeze 是个非常典型的不及物动词，本来是不能带宾语的，然而进入结果句式后，获得了新的论元角色，在这句话中变成了一个及物动词，直接使得受事的位置发生了变化。意思为 Sam 打了一个喷嚏把纸巾从桌上吹飞了。这是对 sneeze 的一种创造性用法。在看到 Sam 打了一个喷嚏，作为结果纸巾从桌上飞走了这样一个场景时，由于找不到现存可用的动词在一个句子里来表达这种因果关系，但又不想分为两句话描述，说话人便使用了这种句式来强调这两个事件间的直接因果关系。从以上例子中我们可以看出，这些句子都强调动作和结果的直接联系，并以夸张的形式来强调结果。

（8）a. Martha eats herself fat.

　　b. He talked/yelled/shouted himself hoarse.

　　c. He ate himself sick.

　　d. He had run himself out of breath.

　　e. She cried herself to sleep.

　　f. He cut himself free.

　　g. He coughed himself awake.

例（8）中的句子都带有被称为假宾语的反身代词（Simpson 1983）。a 句中的动词 eat 是及物的，eat herself 当然不是把她自己给吃了，这里的反身代词 herself 是假宾语，真正的宾语应该是她所吃的食物。加上最后的结果短语 fat，我们知道这句话的意思是 Martha 把她自己给吃胖了。b 句中，动词 talk/yell/shout 本是不及物动词，但是在这里带上了宾语 himself，结果短语是形容词 hoarse（嘶哑的），即他把自己说/喊/叫嘶哑了。c 句和 a 句类似，eat 是及物动词，himself 是假宾语，并不是他把自己给吃了，而是吃了一些不干净的食物或者吃多了，最后把自己给吃病了。d 句中的 run 是不及物动词，后面却接了宾语 himself，结果短语是 out of breath（喘不过气来），即他跑步把自己跑得喘不过气来。e 句中 cry 也是不及物动词，带了假宾语 herself，结果短语是 to sleep，也就是她把自己给哭睡着了。f 句和前面的句子略有不同，动词 cut 是及物动词，虽然后面接的宾语是 himself，但显然不是他把自己给切了或砍了，从结果形容词 free 我们看出，这句话所隐含的语境应该是他被人用绳子或什么东西绑在了某种东西上面，他付出了很大努力把绳子割断，最终重获自由。从这七个例子中我们可以发现，宾语位置都是反身代词来充当假宾语，结果短语有形容词和介词短语两种，但都表示状态变化。这类句式的结构可描写为［S V oneself RP］（RP = AP or PP）。

（五）给出评价性结果

(9) a. They painted their room beautifully.

b. He loaded the cart heavily.

c. He cut the bread thinly.

d. He cleaned out the brush.

e. In the description of the sprinkler and the apron, and especially the altar, the internalization of law (as disguise) results in this sacrilege within reverence, an intimacy with law which can blow apart its ideological effect (revealing the hidden side of the altar) —and with a strange knowing innocence strangely inseparable from that intimacy.

f. The explosion tore the plane apart.

这一类结果句式中的补语为副词。a 句中的结果短语是 beautifully，他们把他们的房间粉刷得很漂亮。beautifully 是对 paint（粉刷）这个活动的评价。b 句，他把手推车装得满满的。heavily 在这里同样也是对 load（装载）这个活动的评价。c 句，他把面包切得很细。细不细并没有一个具体数值，所以这也是说话人对 cut（切）这个动作的评价。而在 d、e、f 句中出现的副词就稍微有点不同。d 句中是 out，与动词 clean 在一起，整个句子的意思是他清理了刷子。e 句和 f 句中都是 a-part，e 句中 apart 和动词 blow 相邻，组成 blow apart，意为"与法律的亲密关系可以摧毁它的意识形态效果"。而 f 句中 apart 与动词 tore 分离，这场爆炸把飞机炸得粉碎。我们可以看到，副词分为两类：一类是传统意义上的副词，比如上述句子中出现的 beautifully、heavily、thinly。另一类被称为小品词，或不及物介词（Huddleston & Pullum, 2005; Bolinger, 1971），如 out、apart 等。为了指称的方便，我们称第一种为副词，称第二种为小品词。小品词有的与动词合并，如 blow apart; 有的与之分离，如 tore sth apart；而副词都在宾语后。

二、英语不及物结果句式的功能动因

（一）明确事件的结果

（10）a. The bottle floated into the cave.

b. Bill rolled out of the room.

c. The hunter and his dog ran into the forest.

d. They walked to the station.

e. Water splashed/sprayed onto the lawn.

例（10）中的动词都为运动型动词，结果由介词短语表示，表示目标（goal）。句式结构为［S V PP］。a 句中，主语是 bottle（瓶子），动词是 float（漂浮；浮动），结果短语是 into the cave，即瓶子漂进了山洞。b 句中，动词是 roll（滚动），结果短语是 out of the room，即 Bill 滚出了房间。c 句中，动词是 run（跑），结果短语是 into the forest，即猎人和他的狗跑进了森林。d 句中，walk 意为行走，介词短语 to the station 充当结果，即他们走到了车站。e 句中，动词为 splash（溅）或 spray（洒），介词短语 onto the lawn 表示结果，即水溅到了草坪上或水喷洒到了草坪上。可以看出，例（10）中的各个句子都有一个相同的特点，即事件参加者通过移动发生了位置变化。

（11）a. He coughed awake.

b. She jerked awake.

例（11）中的动词都是即时无界性动词（semelfactive）①，结果为状态变化。a 句中，动词是 cough（咳嗽），结果为 awake（醒），意为"他咳嗽把自己咳醒了"。同样，在 b 句中，动词是 jerk（痉挛），意思是"她肌肉痉挛以至于醒来"。我们可以推测一个人正在睡觉，由于身体不适或受到外界刺激，继而引发非自主性的即时行为——咳嗽或者痉挛，导致人最终从睡眠状态转变为清醒状态。这类句式表示即时行为造成意外结果。

> (12) a. The witch vanished into the forest.
>
> b. The trolley rumbled into the tunnel.

a 句中的动词 vanish 属于消失类动词，结果由介词短语 into the forest 表示。意思是这个巫师消失在了森林中。b 句中的动词 rumble（隆隆作响）属于发声（sound – emission verb）动词，结果由介词短语 into the tunnel 表示。意思是电车轰隆隆地开进了隧道。两个句子中的事件参加者均发生了位置变化。

（二）强调事件的结果

> (13) a. The bottle broke open.
>
> b. The river froze solid.
>
> c. The laundry dried crisp.
>
> d. The butter melted to liquid in half an hour if left out of the fridge.
>
> e. Kim suffocated to death.

---

① Semelfactive，最早由 Bernard Comrie（1976）在 Vendler（1957）的动词分类基础（State，Activity，Accomplishment，Achievement）上提出。由 semelfactive 动词参与的事件表现出的特征为瞬时的（punctual），无界的（atelic），非完成性的（imperfective）。

f. The vase shattered to pieces.

例（13）中的动词都是表示状态变化的作格动词，它们本身就已经包含结果，后面的结果短语（形容词或介词短语）进一步明确或强调这种结果。a 句中，broke 的意思是打破，已经含有了结果——破碎，后面再加上 open，可以进一步强调破碎的结果——这个瓶子完全破碎开了。b 句中，froze 本身已经含有"冻住，冻成冰"的意思，再加上形容词 solid，也是为了进一步强调由于天气寒冷，河流冻成了坚固的冰。c 句中，dry 的意思是变干，已经包含了结果，即衣服变干了。再加上后面的结果短语 crisp（脆），我们便进一步知道衣服确实是非常干，都已经干到发脆的程度了。d 句中，动词是 melt（融化），介词短语 to liquid 表示结果，黄油融化成液体，起到明确结果的作用。这句话的意思就是如果离开冰箱，半小时后黄油就会融化成液体。e 句中，动词 suffocate 表示窒息，已经含有"死"的意思，介词短语 to death 表示结果，用来强调死亡，即 Kim 窒息而死。最后 f 句中，动词是 shatter（打破），同样也已经包含结果"破"，介词短语 to pieces 表示结果，即花瓶摔成了碎片，作用也是进一步强调结果。

第二节　汉语结果句式的功能动因

与英语结果句式稍有不同，我们把汉语结果句式分为及物性汉语结果句式、不及物性汉语结果句式以及汉语特色结果句式三个大类。及物性汉语结果句式体现为"主动宾补"句［S VR O］；不及物性汉语结果句式体现为：动结（状态变化）＋动趋（位置变化）。

一、及物性汉语结果句式的功能动因

（一）明确事件的结果

汉语及物结果句式的功能动因主要有两个：一为明确事件的结果，一为强调事件的结果。

（1）a. 列宁打破了花瓶。

b. 史密斯先生推开了门。

c. 张三气哭了李四。（比较：李四气哭了）

d. 那件事气哭了小妹。

e. 玛丽哭湿了枕头。

f. 衣服洗累了妈妈。（比较：妈妈洗累了衣服/衣服把妈妈洗累了）

g. 人头马喝哭了志愿者。

h. 高老师教会了我们数学。

i. 张三骑累了马。

j. 张三追累了李四了。

在 a 句中，施事是"列宁"，受事是"花瓶"，动词是"打"，结果是"破了"。b 句中，施事是"史密斯先生"，受事是"门"，动词是"推"，结果是"开了"。c、d 和 e 句可做类似分析。f 句和前述几句不同，动词是"洗"，结果是"累了"。虽然衣服出现在主语位置，但我们很清楚并不是衣服在洗妈妈，而是妈妈在洗衣服。但是由于衣服太多或者污渍难以去除等原因让妈妈付出了很多时间和精力，最终导致妈妈身体疲倦，感觉到很累。g 句的动词是"喝"，结果是"哭了"。同样的，并不是人头马在喝志愿者，正常的理解是志愿者在喝人头马。这句话的起源是几位志愿者从北京去某贫困县调研贫困大学生，当地教育局官员为尽地主之谊，在豪华包间用鸡鸭鱼肉和人头马酒招待他们，使得几位志愿者难以下咽，最后潸然泪下。h 句中主语是"高老师"，动词是"教"，结果是"会了"。与前面的句子不同的是，这个句子里有两个宾语。因为高老师教的是数学，所以"我们"是间接宾语，"数学"是直接宾语。i 句和 j 句表面上看很相似，其实也有较大不同。i 句中主语是"张三"，宾语是"马"，动词是"骑"，结果是"累了"。累的是马，而不是张三。但是在 j 句中，主语同样是"张三"，宾语是"李四"，动词是"追"，结果是"累了"。但累的既可以是在主语位置的张三，也可以是在宾语位置上的李四。

经过观察我们可以发现，例（1）中的所有动结式都是表示状态变化，结果短语表现形式为动词或形容词，除了 j 句之外，其余所有例子中的结语都指向宾语。该类结果句式的结构主要为 [S VR O]。h 的结构为 [S VR Oi Od]，其中 Oi 指间接宾语，Od 指直接宾语。

（2）a. 我们听懂了他的意思。

b. 张三学会了微积分。

c. 老王卖赔了一百元。

d. 老王买赚了一百元。

e. 老王看惯了这种现象。

f. 我想死你们了。

g. 吃饱饭。

h. 喝醉酒。

在 a 句中，主语是"我们"，宾语是"他的意思"，动词是"听"，结果短语是"懂了"。"我们"是感事（experiencer），"他的意思"是刺激（stimulus），结果短语"听懂了"是感事对刺激进行理解感知后的结果。b 句中，主语是"张三"，宾语是"微积分"，动词是"学"，结果短语是"会了"。同样的，"张三"是感事，"微积分"是刺激，结果短语"学会了"是张三在接触微积分后，了解了其概念并做了一定量的练习且正确率较高的情况下，完成了从"不会微积分"到"学会微积分"这样的一个状态变化，产生的自然结果。c、d、e是三个有关老王的句子。c句中，主语是"老王"，动词是"卖"，宾语是"一百元"，结果短语是"赔了"。"赔了"指向的是老王。d句可做类似分析。e句主语仍旧是"老王"，动词是"看"，结果短语是"惯了"，宾语是"这种现象"。"老王"是感事，"这种现象"是刺激。即这种现象老王已经不是第一次看到了，相反他已经看到了很多次，见怪不怪，产生了"看惯了"这样的结果。f句中的"我"是感事，"你们"是刺激，"我"一直在想"你们"，天天在想"你们"，程度越来越深，最终产生了"想死了"的结果。g句和h句是比较特殊的两个表达。一直吃饭，完成从没吃饱到吃饱饭的状态转变。同样的，一直喝酒，最终就会到达喝醉酒的结果状态。有学者如李临定（1986：189）认为，由"吃"和"喝"构成的动结式，受事只局限于"饭"和"酒"，缺乏类推功能。比如我们不能说"＊喝醉茅台"。郭锐（1995）认为，"吃饭"、"喝酒"和"睡觉"一样，已经凝固成一个离合词。"吃饱饭""喝醉酒"是在离合词"吃饭""喝酒"中嵌入一个补语形成的。施春宏（2008）认为，这种表达能够成立的关键在于，"醉"和"饱"的语义蕴含着其所关涉的对象"酒"和"饭"，而且这种语义蕴含度要高于"喝"和"吃"对"酒"和"饭"的语义蕴含度。换句话说，"酒"和"饭"对于"醉"和"饱"而言，对语境没有依赖性，在表达中可以缺省，且完全不影响语义的完整性。

像例（1）一样，例（2）同样也是表示状态变化，但不同的是，例（2）中各句的结果短语的语义指向是主语。

（二）强调事件的结果

（3）a. 张太太推走了一辆购物车。

b. 他递给老王一本书。

    c. 他递了一本书给老王。

    d. 他送上来一盘苹果。

    e. 他送一盘苹果上来。

    f. 他写给小王一封信。

    g. 他写一封信给小王。

    h. 他写了一副春联给我。（对比：＊他写给我一副春联）

    i. 我送阿哥到村口。

例（3）中的结果都表现为位置移动，动词也主要是位移动词。动词和结果短语分为黏合式（如 a、b、d、f）和分离式（c、e、g、h、i）。

在 a 句中，施事是"张太太"，受事是"购物车"，动词是"推"，结果短语是"走了"。购物车发生了位置移动。b 句和 c 句初看非常相似，实则不同。b 句强调"递"这个动作，完成后老王拥有了这本书，是拥有关系的体现。c 句则表达了致使移动，强调的是书的转移路径，从他那里到了老王那里。d 句中，他送上来一盘苹果，也就是说原来在上面的人没有苹果，但现在拥有了苹果。e 句则强调了这盘苹果所经历的转移路径，经过"送"这个过程后，从初始的下面到了最后的上面。f 句和 g 句的情况可做类似分析。i 句比较有意思，动词"送"的意思其实是"陪"，结果由介词短语"到村口"表示，但是村口和前述的"老王""小王"略有不同，"村口"并不能拥有阿哥。因此我们用强调转移路径的句式或者把字句来表达这个事件。

二、不及物性汉语结果句式的功能动因

汉语不及物结果句式要么明确事件结果，要么给出评价性结果。

（一）明确事件的结果

（4）a. 花瓶打碎了。

b. 饭煮熟了。

c. 手冻僵了。

d. 松花江上的冰融化了。

e. 门开了。

f. 门关了。

g. 潮水涨高了。

h. 酒喝多了。

例（4）中的句子均为传统的受事主语句，动结结构中的动词和结语分别表示原因和结果，结果为状态变化。该类句式的结构表征为［S VR］（S 为受事）。在 a 句中，动词是"打"，结果是"碎了"。虽然主语位置出现的是花瓶，但是我们不难理解它并不是动作的发出者，而是受事，打碎的正是花瓶。b 句中，动词是"煮"，结果是"熟了"。煮熟的是饭。c 句中，动词是"冻"，结果是"僵了"。即在寒冷天气下，由于手一直暴露在外界，最终达到了冻僵这样的一个状态。d—h 可做类似分析。

（5）a. 他们走累了。

b. 老王喝醉了。

c. 张三吃饱了。

d. 他累坏了。

例（5）是传统的施事主语句，结果为状态变化，其结构为［S VR］（S 为施事）。它们共同具有的特征都是自我驱动型。a 句中，"他们"是施事兼感事，动词是"走"，结果表现为"累了"。即他们经过

长时间的行走后，把自己给走累了。b 句中，动词是"喝"，结果是
"醉了"。也就是说老王在喝了很多酒之后，把自己给喝醉了。c 句中，
动词是"吃"，结果是"饱了"。即张三吃了很多食物，最终达到了吃
饱这样的一个状态。同样在 d 句中，动词是"累"，结果是"坏了"。
主语"他"由于学习或工作等原因，消耗了大量精力，最终导致自身
感到很累。可以看到，这些句子中虽然感事处于接受域（recipient do-
main），但像施事一样，具有一定的主动性，可作主语。因此可视为准
施事。

（6）a. 那只知更鸟飞走了。

    b. 那只猎狗跑进了树林。

    c. 后来二婶再次帮喜儿逃出了黄家，藏进了深山丛林里。

    d. 汽车驶进了停车场。

    e. 他们走远了。

    f. 那只球滚下了斜坡。

    g. 一只苹果掉在了地上。

例（6）中的句子都表示位置变化。除 a 句和 e 句没有直接出现地
点外，其余句子中都直接有表示地点的名词。a 句中，动词是"飞"，
结果是"走了"，知更鸟飞走了，即它的位置发生了变化，虽然句子没
说它飞去哪里了，但是可以肯定的是那只知更鸟现在已经离开了它原来
所处的地方了。b 句中，动词是"跑"，结果是"进了树林"，猎狗跑
进了树林即猎狗原来在树林外面，经过了"跑"这个过程后，现在位
于树林里面。c 句中，喜儿先是逃出了黄家，再藏进了深山丛林中，共
经历了两次位置变化。d—g 的情况可做类似分析。

（二）给出评价性结果

(7) a. 鞋买贵了。

b. 鞋他买贵了。

c. 那双鞋买贵了。

d. 那双鞋他买贵了。（＊他把那双鞋买贵了）

e. 坑挖深了。（坑被挖深了）

f. 沟挖浅了。

g. 油条炸焦了。

h. 菜炒咸了。

在 a 句中，"鞋"出现在主语位置，但是我们知道在这里鞋是动词"买"的宾语，结果短语由形容词"贵"充当，即买鞋买贵了，表示评价。b 句和 a 句的差别在于，a 句中没有施事，我们并不知道是谁买鞋买贵了。而在 b 句中，施事由"他"体现，即他买鞋买贵了，同样也是表示一种评价。c 句和 d 句可做类似分析。e 句中，主语是"坑"，动词是"挖"，结果由形容词"深"表示，我们也很容易理解是（某人）把坑挖得太深了，"坑"并不会自己挖自己。同理可得 f 句中，是（某人）在挖沟，但是挖得比较浅。e 句和 f 句中的主语含有被动的意味，可以转换为"坑被挖深了"和"沟被挖浅了"。g 句中的"油条"和 h 句中的"菜"都是食物，"炸"和"炒"都是烹饪方式，"焦"和"咸"都是形容词充当结果短语。油条炸焦了即油条在经历"炸"这个过程后，发生了意外结果——变焦了。"菜炒咸了"则是在炒菜的过程中，没有掌握好盐的量，放入了过多的盐，导致了这道菜最后吃起来很咸。可以发现，这里的结果句式都表示评价，即通过评价事件中的受事达到评价事件的目的。

三、汉语中的特色结果句式之功能动因

（一）"把"字句的功能动因：强调结果

（8）a. 妈妈把衣服洗干净了。

　　 b. 列宁把花瓶打碎了。

　　 c. 就是豁出这条命，也要把情况摸清楚！（比较：情况摸清楚了）

　　 d. 他把小王急哭了。

　　 e. 这段路可把他走乏了。

　　 f. 他把书都放在床上。

　　 g. 高先生把购物车推到了家里。

　　 h. 老大娘把受伤的战士背回自己家中。

　　 i. 小王把信寄走了。

　　 j. 张教授把车开到语言大学南门接朋友。

　　 k. 这孩子把冬天的衣服全穿上了。

　　 l. 把名字刻在石头上。

（8）中例句都是"把"字句的典型实例，主要强调某对象在经历了动词标示的过程后处于某种结果状态。观察可以发现，a—e 表示状态变化，f—l 表示位置变化。但两者的共性在于，结果短语的语义都指向"把"的宾语（简称"把宾"）。a 句中，主语是"妈妈"，是动作的发出者。把后宾语是"衣服"，动词是"洗"，属于行动动词，结果短语是"干净"。既然衣服要洗，那一定是有些脏的。该句强调衣服在经历了清洗这个过程后，"变干净了"这个结果。b 句中，把后宾语是"花瓶"，动词是"打"，结果短语是"碎了"。该句强调花瓶因为被列宁打到地上而碎了这样一个结果。c—e 可做类似分析。

f 句中的主语"他"是动作的发出者，把后宾语是"书"，动词是"放"，结果短语是"在床上"，表现为位置移动。该句强调"书"现在位于床上是经过"放"之后的变化。g 句的主语"高先生"是动作的发出者，把后宾语是"购物车"，动词是"推"，结果是"到了家里"，同样表现为位置移动。h 句中的"老大娘"是动作的发出者，把后宾语是"受伤的战士"，"背"是行动动词，结果表现为位置移动，战士在经过老大娘背这个过程后，人来到了老大娘的家中。i 句也是强调了"信"的位置移动。再看 j 句，我们不妨把它与"张教授开车到语言大学南门接朋友"进行比较，可以发现"开车"就是描写该动作，而 j 句却强调了车本身的位置移动，从它原来停着的地方转移到了语言大学南门。k 句中，我们知道对应的语境应该是天气非常寒冷，这孩子为了不被冻着，把冬天的衣服全穿上了。同样的，该句也是强调了冬天的衣服从衣柜里转移到了这孩子身上这样的位置变化。l 句虽然没有指明动作的发出者是谁，但不难猜测应该是一个人。把后宾语是"名字"，也就是说在经历了"刻"这个过程后，结果是石头上出现了"名字"。

（二）拷贝动词句的功能动因：明确原因，强调结果

（9）a. 他们吃肉吃腻了。

　　b. 他做功课做累了。

　　c. 他们打球打累了。

　　d. 他吃烤鸭吃胖了。

　　e. 他看书看多了，有点傻乎乎的。

　　f. 他们卖票卖贵了。

可以看出，这几个句子中的行为都含有过度、过量的意思，以至于对主语造成了一定的负面影响。比如 a 句，他们吃肉吃腻了，肯定是吃了太多的肉才会腻，如果只吃了几块肉，正常情况下是还想再吃一些，而不大可能产生腻的感觉。b 句中，做功课肯定也是功课很多才能把学

生做累，如果只有几道题目，用上十几分钟便能完成的功课，肯定累不到学生。c 句也是一样，打球是原因，正因为打球的时间太长或者打球太过激烈，才产生"打累了"的结果。另外，a 句如果不用拷贝句式，可以写成"他们吃腻了肉"，这是一个合法的句子。但是后面的句子却并不是每个都可以转换成这种形式，如"＊他做累了功课"，"＊他打累了球"，"＊他吃胖了烤鸭"，这几个衍生出的句子语义上就不合法。

因此可以得出，拷贝动词句的结语语义指向主语，前面的拷贝动宾短语明确原因，后面的动结结构强调结果，拷贝动词后的名词一般为光杆形式，表通指。

（三）"V 得"句的功能动因：标示结果

（10）a. 张三追得李四直喘气。

b. 爸爸骂得小明流下了眼泪。

c. 张三跑得喘不过气来。

d. 写得非常好。

e. 他念得很响很清楚，但因为念得太快，混淆了舌尖音和卷舌音。

f. 张三累得话都不想说了。

g. 那瓶酒喝得我头疼。

h. 那场球看得我很压抑。

i. 虽然看不见他的表情，却听得出他屏住气息，也感觉得到他的惊恐。

上述句子的共同特点都是动词后带了一个"得"，我们把它们叫作"V 得"句。"V 得"后面表示结果，结果表示状态，其形式为小句。经过观察我们发现，"V 得"后面其中一类直接接的是结果补语，如 c、d、e 句。还有一类则在"得"和结果补语之间嵌有一个宾语，如 a、b、f、g 句等。

a 句中的"追得"是个很有意思的词，朱德熙（1982）认为，像"追得我直喘气"这种句子有两种理解，一是"我追别人，我喘气"，二是"别人追我，我喘气"。因此在 a 句中，可以肯定的是李四在喘气，但在"谁追谁"的语义解读上存在歧义。可能是张三在追李四，也有可能是李四在追张三。然而，不管是张三追李四，还是李四追张三，李四都必须得跑，而且只跑一小会还不行，必然要高强度持续跑一段时间，那么最终引发的结果就是"李四直喘气"。b 句中，"小明"是"骂得"的宾语，同时也是"留下了眼泪"的主语。"爸爸"应该是骂了"小明"挺久的时间或者用语非常不客气，最后的结果就是小明流下了眼泪。c 句中，张三肯定是跑步跑到一定程度，比如跑了好几公里，那么体力便有些不支，导致的结果就是喘不过气来。d、e 句可做类似分析。f 句中，"话都不想说了"是结果补语，"张三"是主语，动词是"累"，即张三非常累，累的程度已经到了话都不想说了。g 句中，"那瓶酒"出现在主语位置，但它是动词"喝"的受事，而宾语位置的"我"才是动词"喝"的施事，结果补语是"头疼"，即喝了那瓶酒后，引起了我身体状态上的变化——我的头开始疼了。该句不能改写成"我喝得那瓶酒头疼"。h 句中，动词是"看"，"那场球"是看的受事，"我"是"看"的施事，结果是"很压抑"，即那场球打得不精彩或者说话人支持的球队在那场球赛中表现不好，导致说话人看完后出现了心理上的状态变化，心情变压抑了。i 句中，没有直接出现施事，但有三个感官动词，分别是"看""听"和"感觉"。后面的"听得出""感觉得到"和前面的"看不见"形成了对比，表达了说话人的状态变化。

"V 得"句的"得"可以视为一个结果标记，标识后面的成分表示结果状态，结果或指向主语，如"老李跑得上气不接下气"，或指向"得"后的名词短语，如"爸爸骂得小明流下了眼泪"。

（四）综合式的功能动因：结果的多视角化

综合式即"把"字句、"V 得"句、拷贝动词句组合构成的混合句式。在这种句式中，结果呈现多视角特征。

(11) a. 张三把李四追得直喘气。

　　b. 远藤把帽子压得很低，走到距离我住处的玄关几米的地方。

　　c. 牛累得把脖项都磨肿了，把老清心疼得像割破了手指头。

　　d. 他把每个人都恨得入骨，几乎可以这样说。

　　e. 张三追李四追得直喘气。

　　f. 他跳河跳得很后怕。

　　g. 首先改善小黎的学习环境，请她到家里做功课，替她买练习本，有时做功课做得太晚就留她在家里住宿。

　　h. 挥鞭子挥得特别准确老练。

　　i. 卢沃老爹掌舵掌得如此灵巧，埃基帕热操挠钩操得如此准确。

　　j. 看书把他看累了。

　　k. 洗衣服把他洗累了。

　　l. 看连续剧把他看上了瘾。

　　m. 写文章把我的手写酸了。

　　n. 考虑问题把他考虑得夜不能寐，茶饭不思。

　　可以看出上述句子中，a—d 为"把字句 + V 得句"，e—i 为"拷贝动词句 + V 得句"，j—m 为"拷贝句 + 把字句"，其中 n 句为"拷贝句 + 把字句 + V 得句"。a 句因为有了"把"，语义就变得非常明确了，那就是张三追李四，而不是李四追张三。b 句中，"远藤"是动作的发出者，把后宾语是"帽子"，是动词"压"的受事，强调了帽子经过"压"这个动作后，产生了位置变化。c 句中，把后宾语是"老清"，动词是"心疼"，心疼的受事是"牛"，因为"牛累得把脖项都磨肿了"。结果补语是"像割破了手指头"，它的语义指向"老清"，即用老清自己割破了手指头所感受到的疼痛的程度来说明老清对牛的心疼。d

句可做类似分析。a—d 强调由"得"标识的把宾的结果。e 句兼具拷贝动词句和"V 得"句的特点，可分解为"张三追李四"和"张三直喘气"。"张三"是施事，"李四"是受事，动词是"追"，结果是"直喘气"，语义指向施事"张三"。该句可转换为对应的把字句，"追李四把张三追得直喘气"。f 句和 e 句情况类似。g 句"有时做功课做得太晚"虽然没有出现施事，但我们很容易知道施事是"她"，动词是"做"，受事是"功课"，结果是"太晚"，但是语义却并不指向施事"她"，也不能转化为相应的把字句"做功课做得（她）太晚"。施春宏（2008）把这种类型的句子划分为"补语指动型"动词拷贝句①。h、i 句与 g 句情况类似，且它们的结果补语"准确老练"和"灵巧"等都表示评价。e—j 的共性是，二者均强调原因，又强调由"得"引出的结果。

j 句中，把后宾语是"他"，是后面动词"看"所表征动作的施事，结果是"累了"，语义指向"他"，强调了"看书"这项活动本身对"他"造成的影响，即看书后他累了。k 句中，把后宾语同样是"他"，动词是"洗"，"他"是"洗"的施事，结果由形容词"累了"表示。强调了"洗衣服"这个过程对"他"的影响，即他感到累正是由于洗衣服这件事导致的。l 句和 m 句可做类似分析。这几个句子都有致使意义，且都可转换为相应的拷贝动词句，如"他洗衣服洗累了""他看连续剧看上了瘾"。j—m 的共性是，既强调原因，又强调把宾最后所处的结果。n 句表示考虑问题这件事使得他陷于"夜不能寐，茶饭不思"的结果状态。该句既强调原因，又强调把宾处于由"得"标引出来的结果。

---

① 根据动补结构论元结构和配位方式的互动关系，施春宏将所有的动词拷贝句分为三种类型：主体同指型、主体异指型、补语指动。补语指动是指补语动词以述语动词及其论元结构为主体论元。

第三节 小 结

在客观世界中，表达是无限的，但表达式却是有限的。英汉结果句式的突出特点是显性地表达结果，因此它们都具有显明事件结果的功能动因。在本章中，我们对英语结果句式和汉语结果句式的功能动因进行了分析。我们发现，说话人想要表达关于一个事件结果某种特殊信息的意图成为使用结果句式的动因。

本章中涉及的功能动因有：①表达必不可少的事件结果；②明确事件的结果；③强调事件的结果；④使用非典型事件参加者表达事件结果；⑤给出评价性的结果。我们发现，在英汉结果句式中，"明确事件的结果"和"强调事件的结果"这两个功能动因占据主导地位。

在"表达必不可少的事件结果"时，英语中由于一些动词语义上有要求，成分一定要完整，必须要把结果表达出来。如动词 put 后面一定要有宾语（即放什么东西）以及一个表示地点的短语（要把这个东西放到什么地方），缺一不可。所以，我们只能说 I put a book on the top shelf，而不能说 * I put a book。而汉语则较为灵活，"我放书"也是可以接受的句子。

在"明确事件的结果"时，英语主要通过添加形容词实现，如在 Mary painted the wall 后加上表示颜色的词 red，句子就变成了 Mary painted the wall red，让读者明确知道墙被刷成了红色。这同样也是汉语的重要实现手段，如"他花了钱""他花光了钱"。

在"强调事件的结果"时，英语可通过添加介词短语或形容词实现。如在 John broke the dishes 句中，broke（打破）本身已经含有结果"破"，若在后面加上 into pieces，则进一步强调了盘子破的程度——已经破成了碎片。汉语则可通过双宾句式以及"V 得"句等特殊句式实现。

在"使用非典型事件参加者表示事件结果"时，结果一般是负面或意外的，原因在于动词所表征的行为过度。在英语中，如 ate himself sick 这个句子，himself 并不是 ate 的典型宾语，但是该句中也并没有直接出现所吃的东西。而在汉语中，类似意思的句子要用动词拷贝句表达，因为两个动词拷贝可以体现过度。如"他吃海鲜吃病了"，吃的东西是明确体现出来的。

在"给出评价性结果"时，英语中的典型表达是"They painted their room beautifully"，汉语中的典型表达是"坑挖深了""鞋买贵了"。可以看出，英语是通过副词来对动词所表征的动作进行评价，如 beautifully 是对 paint 这个活动的评价；而汉语则是通过形容词完成对动词所表征动作的评价。

第六章

英汉结果句式的事件结构

　　英汉结果句式所编码的事件结构存在差异。英汉结果句式及其次类编码的事件内容包含在各种各样的认知域之中，其中核心认知域构成了结果句式所编码的主要事件内容。事件里的主要成分是动词，很显然，考察事件离不开对动词的考察。因此，我们首先从动词的类别展开讨论。

第一节　动词类型的划分标准

　　历史上有众多的学者曾对动词进行过语义分类。在本书中，我们主要采用 Vendler 和 Smith 给出的分类标准。Vendler（1967）以内化的时间属性为标准将动词分为四大类：状态类（states）、达成类（achievements）、实现类（accomplishments）和活动类（activities）。这些动词是静态（static）、有界（telic）与持续（durative）三大属性①的不同语义组合。Smith C S（1991）在 Vendler 的基础上增加了一种"即行类"（semelfactive）（见表6.1）。

---

　　①　这三大属性也可描写为动态（dynamic）、无界（atelic）和瞬间（punctual）。

表 6.1　动词类型表

动词类型	状态（state）	持续（durative）	有界（telic）
状态类（state）	+	+	not applicable
活动类（activity）	−	+	−
实现类（accomplishment）	−	+	+
即行类（semelfactive）	−	−	−
达成类（achievement）	−	−	+

此外，我们还将再额外加一类致使动词（causative），原因在于这类动词本身具有致使义，与其他动词存在明显差别。

第二节　英语结果句式中的动词类型

我们将以词典释义与语料库检索结果为依据进行动词分类。同时因为多数动词一词多义，所以会出现同一动词归属不同事件类型的现象。例如 will 在表达意愿时，属于状态事件类型，但是它也可以用于表达活动类事件类型。如 he could will himself to succeed 和 he willed his entire estate to his son。

对于能够进入英语结果句式的动词，我们将采用 Boas（2003）中提供的语料。不过由于该语料只提供了能够进入英语结果句式的动词，因此对于不能进入结果句式的动词，我们的语料则来自 Levin（1993）。

一、能进入英语结果句式的动词

状态类（state）：

love（爱），will（想要）

我们说 love 这个词本来表示的是一个状态，原则上是不能进入结果句式的。但是它却可以出现在这样的句子中：I love it to death。原因在于这里的 love 有动态性，to death 表示程度，说明 love 的程度是可以量度的。同理，在 He willed his entire astate to his son 中，will 也具有动态性，to his son 表示结果。也就是说能够进入结果句式的状态动词已经动态化，实际上变成了活动类动词。

活动类（activity）：

pull（拉）、push（推）、draw（拉动；拖动）、place（放置）、tease（取笑）、wrench（扭）、pick（挑选）、drag（拉；拽）、press（压）、rub（摩擦）、shift（转移）、slide（滑动）、shake（摇动）、kiss（亲吻）、frighten（吓唬）、kick（踢）、scream（尖叫）、clap（鼓掌）、spear（刺；叉）、stretch（伸展）、paint（画；漆）、dye（染色）、turn（转换）、spray（喷洒）、stain（涂色）、wipe（擦）、wash（洗）、sweep（扫）、scrub（刷洗）、lick（舔）、rinse（冲洗）、suck（吮吸）、scour（冲刷）、pare（削）、whip（抽打）、swab（擦拭）、pick（摘）、drink（喝）、pat（轻拍）、milk（榨取）、squeeze（挤；榨取）、hug（抱）、run（跑）、brush（刷）、caress（爱抚）、cry（哭）、dab（轻按）、drip（滴水）、eat（吃）、ferry（摆渡）、rain（下雨）、ring（打电话）、fling（抛；掷）、lay（放置）、hammer（敲打）、pound（击打）、plough（耕；犁）、throw（扔）、roll（卷起来）、stack（堆叠）、pump（输送）、load（装载）、spoon（用勺舀）、shout（喊）、yell（大叫）、talk（说；谈）、hack（砍）、mould（塑造）、slice（切；割）、work（运作）、baste（粗缝）、call（命令）、clip（修剪）、edit（编辑）、freeze（冷冻）、back（后退）、comb（梳理）、bend（弯曲）、tweak（拧；扭）、paw（抓）、pummel（捶打）、put（放）、pitch（投；抛）、rush（冲）、sand（打磨）、scrunch（揉捏）、twist（扭曲）、batter（殴打）、weave（编织）、whittle（削；切）、wrestle（斟酌）、ram（撞击）、stick（刺；戳）、dig（挖）、strike（撞击）、gallop（飞奔）、hand（交递）、play（玩耍）、stake（冒险）、walk（走）、bite（咬）、auction（拍卖）、bounce（弹跳）、scare（惊吓）、shave（剃）、shrug（耸肩）、

see（看）、steam（蒸发）、syphon（虹吸）、bump（碰；撞）、clear（清理）、chuck（扔；抛）、scoop（用勺舀）、blast（爆炸）、charm（吸引）、march（前进）、allow（允许）、crash（相撞）、bear（承受）、chase（追）、chew（咀嚼）、pack（包装）、pinch（捏；掐）、sell（卖）、boo（喝倒彩）、sleep（以睡眠消除）、switch（转换）、swing（摇摆）、peel（剥）、steal（偷）、wave（波动）、shovel（铲）、sing（唱歌）、smoke（吸烟）、haul（拖；拉）、boot（踢）、bark（吠叫）、bawl（大喊）、dance（跳舞）、act（表演）、air（通风）、lever（撬动）、fight（斗争）、piss（朝……撒尿）、pour（倾倒）、pray（祈祷）、saw（锯）、scalp（剥头皮）、wheel（旋转）、spirit（诱拐）、tow（拖；拽）、bitch（挖苦）、blaze（燃烧）、bluff（吓唬）、carry（搬；扛）、chat（聊天）、collect（收集）、dash（匆忙写）、drill（训练）、lead（带领）、massage（按摩）、nip（咬）、propel（推动）、prune（精简）、puff（吸；抽）、rake（擦；刮）、scramble（争抢）、shepherd（带领）、reel（从卷轴上放出）、shriek（尖叫）、shin（爬）、slag（辱骂）、sneak（偷偷做）、soap（用肥皂擦洗）、sponge（擦拭）、sue（起诉）、swear（发誓）、sweat（流汗）、tip（提意见）、sprinkle（洒）、lay（放置）、color（涂颜色）、sow（播种）、squelch（消除）、laugh（笑）、stab（刺；捅）、fuck（性交）、shit（拉屎）、torture（拷打）、club（用棍棒打）、knife（用刀切）、bayonet（用刺刀刺）、stone（砸）、nag（唠叨）、rape（强奸）、blend（混合）、bully（欺凌）、flog（鞭笞）、cudgel（用棍棒打）、curse（诅咒）、feed（喂养）、jog（慢跑）、seduce（引诱）、punch（痛击）、splash（泼）、chant（唱歌）、murmur（低语）、mutter（嘟囔）、nurse（照料）、teach（教）、cart（用运货车运送）、fork（用叉叉起）、pitchfork（用稻草叉叉到）、bludgeon（用棒攻击）、will（用意志力驱使去做某事）

实现类（accomplishment）：

tear（撕破）、take（取走）、prise（撬开）、blow（炸毁）、brace

（绷紧）、rip（撕裂）、split（分开）、break（打破）、spread（伸开）、sweep（吹走）、ease（减轻）、burst（爆裂）、bust（打破）、cut（割破）、plant（站稳）、rock（使惊吓）、shock（使震惊）、burn（晒伤）、scrape（刮破）、polish（擦亮）、kill（杀死）、flatten（击倒）、bleed（榨干）、towel（用毛巾擦干）、boil（煮沸）、drain（喝光）、crush（压碎）、dry（使变干）、grind（磨快）、smooth（弄平）、squash（压坏；压扁）、fill（充满）、stuff（塞满）、break（打破）、chop（切碎）、rip（撕破）、shatter（打碎；破坏）、crumble（破碎）、divide（分开）、tousle（弄乱）、heat（变热）、screw（拧紧）、bulldoze（铲平）、lower（放低）、trample（踩碎）、clean（使干净）、shag（使杂乱）、slip（滑倒）、snap（绷断）、lift（提高）、drop（滴下）、strip（脱光、剥夺）、snatch（夺走）、whisk（匆匆带走）、smash（打碎）、snip（剪断）、skim（撇去）、dust（除去灰尘）、cart（抓走）、raise（提升）、scratch（刮掉）、peg（钉住）、cool（变凉）、blank（抹去）、move（移动）、wear（磨损）、scrap（废弃）、chip（打破；弄缺）、crack（破裂）、dump（扔掉）、plane（刨平）、pop（爆裂）、scald（烫伤）、slit（划破）、soak（浸湿；湿透）、topple（打倒；推翻）、trip（绊倒）、clamp（夹紧）、nail（钉牢）、zip（拉上）、clench（抓紧）、jam（卡住）、cram（塞满）、shoulder（用肩膀推开）、worry（使担心）、starve（挨饿；饿死）、strangle（扼死；掐死）、poison（毒死）、axe（用斧状工具修饰成形，用斧头砍下）、suffocate（使窒息而死）、choke（使窒息）、sting（刺痛）、annoy（使恼怒）、bug（使烦恼）、frit（熔化）、gas（毒死）、schmaltz（使伤感）、scorch（烧焦）、smother（使窒息；闷死）、rend（撕碎）、spoil（破坏；宠坏）、soothe（使平静）、bolt（将（门等）闩住）、seal（用封条封住）、wedge（像打楔子将……打进……；用楔子固定）、send（送出，派遣）、bring（使……到特定地方或说话人附近）

即行类（semelfactive）：

beat（反复击打）、knock（敲）、glimpse（一瞥）、hammer（反复敲打）、pummel（反复捶打）、jerk（痉挛）、grunt（发出呼噜声）、wag（摇；摆动）、shoot（射击）、delete（删除）、sneeze（打喷嚏）、snort（喷鼻息）、yawn（打呵欠）、flick（轻打）、click（点击）、flip（轻按）、catapult（猛掷）、slam（猛关；猛摔）、hurl（猛投）、bang（猛摔）、bash（猛击）、smite（猛击）、shove（猛推）、slap（拍；掴）、tap（轻敲）、nudge（轻推；轻触）、smack（拍；掴）、fire（点火；开枪）、gun（开枪）、peck（啄食）、stomp（重踩）、stamp（重踩；跺脚）、weep（流泪）、whip（搅打；whip the egg/cream）、sob（抽噎）

达成类（achievement）：

stop（停止）、shut（关闭）、launch（发动）、close（关闭）、form（形成）、score（得分）

致使类（causative）：

force（强迫）、drive（驱使）、make（使）、get（使得）、render（致使）、will（用意志力使）

二、不能进入英语结果句式的动词

（1）处所状态变化清除动词：clear、clean、drain、empty；

（2）持续致使有向运动动词：bring、take；

（3）接触动词：graze、touch；

（4）排出体外的生理动词：bleed、breathe、cough、spit；

（5）致死动词：assassinate、execute、murder、slay；

（6）毁灭动词：destroy、devastate、ruin；

（7）有向运动动词：arrive、come、go、leave；

（8）所有状态动词（找不到例子）。

第三节 汉语结果句式中的动词类型

能够进入结果句式的动词受到结果句式内部语义关系的制约，我们同样按照事件的情状类型来划分汉语动词的类型。语料基于对孟琮等（1999）的《汉语动词用法词典》中1223个动词的考察，以下是我们得到的结果。

一、能进入汉语结果句式的动词

状态类：

不能进入。

活动类：

安，敖，拔，摆，搬，办，拌，帮，帮忙，帮助，绑，包，包围，包含，包括，剥，抱，抱歉，抱怨，暴露，爆发，背，奔，奔跑，奔走，跳，逼，比，比较，比赛，闭，闭幕，避，避免，毕，毕业，补，变，变化，标志，表决，表示，表现，表达，表演，表扬，擦，猜，裁，采，采购，采集，采纳，采取，采用，踩，参加，藏，操心，操纵，测，插，查，拆，搀，产生，超过，缠，铲，尝，唱，抄，吵，炒，扯，撤，撤销，称，称赞，成立，成为，呈现，承担，承认，乘，盛，吃，穿，冲，冲突，充满，抽，出，出差，出发，出来，出去，出现，除，锄，传，传染，串，闯，创造，吹，凑，崔，存，搓，刺，刺激，答应，达到，打，打击，代表，掸，当，当心，当作，挡，倒，捣乱，到，到达，达到，到来，倒退，倒塌，道歉，得到，登，等于，滴，递，颠倒，点，垫，惦记，钓，调动，叠，叮，盯，钉，顶，订，动，动弹，冻，斗，逗，读，堵，端，端正，断绝，堆，对，对待，对抗，蹲，夺，夺取，躲，躲藏，剁，发，发动，发明，发生，发现，发行，发扬，罚，翻，反，反对，反抗，反映，方便，放（也可以表实现），放弃，放松，放飞，费，分，分别，分裂，缝，奉承，扶，服，服从，服务，俘，俘虏，符合，负担，复员，复原，改，改变，改进，改善，改造，改正，盖，赶，干，干扰，干涉，感动，搞，告，告别，搁，割，给，跟，跟随，耕，工作，公布，攻击，贡献，够，勾结，勾引，雇，鼓励，刮，挂，拐，怪，关，关心，管，管理，贯彻，逛，跪，滚，裹，过，害，喊，喝，合，哄，轰动，忽视，糊，互助，怀疑，花，划，画，欢迎，还，换，回，会，昏迷，混（也表结果），和，活，获得，挤，给予，记，计较，记得，寄，寄存，寄托，嫉妒，继承，加，加强，加入，加以，夹，煎，监督，监视，兼任，捡，减，减少，剪，见，建立，建议，健全，讲，讲究，降低，降落，交，交际，浇，教，嚼，搅，缴，叫，接，接近，接洽，节，节约，揭，结合，结婚，结束，解，解放，解救，解决，解散，戒，借，紧，近，进，进攻，禁，禁止，经过，警告，警惕，敬，数，举，鞠躬，锯，拒绝，具备，据说，卷，掘，决定，觉得，觉悟，开，开出，开动，开幕，开辟，开始，看，看见，砍，扛，抗，抗议，考，烤，靠，靠近，可以，克服，嗑，啃，恐吓，抠，扣，哭，夸，夸大，夸奖，捆，拉，落，来，来往，拦，捞，离，离婚，离开，理，立，利用，联络，练，恋爱，了解，量，晾，裂，淋，留，留神，留心，流，流传，流动，流露，流行，搂，搂，漏，旅行，抹，骂，理，买，卖，埋没，满足，瞒，冒，蒙蔽，谜，迷信，描，灭亡，明白，明确，命令，摸，模糊，抹，抹杀，磨，谋害，拿，难免，挠，闹，捻，碾，攥，念，捏，捏造，拧，扭，弄，挪，扭转，虐待，派遣，趴，怕，拍，排，派，抛，跑，叛变，陪，配，佩戴，碰，碰见，批，批准，譬如，劈，便宜，漂，飘扬，剽窃，拼，评，泼，破裂，扑，铺，普及，欺骗，欺压，歧视，启发，沏，骑，起，起来，气，砌，掐，迁就，牵，牵扯，牵连，谦让，签，前进，侵占，抢，敲，撬，切，亲，清理，清洗，请，请求，求，取，去，驱逐，屈服，取消，劝，劝解，缺乏，确定，扰乱，染，嚷，让（让路），绕，惹，忍，认，扔，揉，容纳，撒，洒，撒，塞，赛（胜过），散，散布，散步，扫，杀，筛，晒，删，扇，伤，赏，上，捎，烧，赊，舍得，射，伸，审，渗，深入，生，生活，生气，生长，声明，拾，失败，失去，实践，实现，实行，适合，试，收，收获，守，受，梳，输，熟悉，属于，数，刷，摔，衰亡，率领，栓，睡，顺，顺从，说，说明，撕，死，松，送，算，算计，损害，缩，缩小，锁，踏，塌，抬，抬举，摊，贪，贪图，贪污，谈，弹，探，探望，躺，烫，掏，逃，逃避，逃走，淘，讨，讨厌，套，疼，滕，踢，提，提倡，提高，提供，提醒，提议，剃，替，体会，体谅，体贴，体现，添，填，舔，调，挑，挑战，跳，贴，听，听从，听见，听取，听说，停，停顿，停留，停止，通，通过，捅，同情，同意，统一，偷，投，投降，透，透露，突出，涂，吐，推，推动，推翻，推广，退，退还，褪，吞，脱，脱离，拖，拖延，托，驮，妥协，挖，弯，完，完毕，完成，完儿，挽救，忘，忘记，威胁，围，违背，违反，维护，委托，喂，闻，吻，问，握，捂，误会，误解，吸，吸收，吸引，希望，牺牲，洗，洗澡，下，下降，下来，吓，瞎（失明），相等，相同，掀，献，响，响应，想，消化，消灭，消失，小心，笑，协助，写，谢，谢谢，泄露，醒（他醒啦），心疼，欣赏，形成，醒悟，修，绣，需要，旋转，选，削弱，学，寻找，训，压，压迫，压制，轧，延长，淹，腌，演，咽，养，养活，摇，咬，要，要求，噎，依靠，依赖，遗留，意味着，阴，引起，印，赢，赢得，影响，应用，拥护，用，优待，游，游行，游泳，邮，遇，遇到，遇见，怨（埋怨），运，扎，砸，栽，宰，凿，造，扎，铡，炸，摘，沾，展开，站，蘸，占有，战斗，张望，长（增加），招，找，照，召开，震动，蒸，争取，挣扎，织，支持，支配，支援，知道，值得，指，指点，指教，指望，治，制造，肿（状态），种，重视，煮，主张，住，注意，祝贺，抓，转，赚，装，撞，追，追求，准许，捉，着手，着眼，自习，走，租，组成，钻，醉，作，坐，做，尊重，遵守，琢磨，作为，安插，安排，安慰，安置，巴结，把握，霸占，摆弄，摆脱，办理，保留，保证，保持，保存，保护，保卫，报复，报告，辩论，剥削，驳斥，补充，补助，布置，采购，参观，参考，测验，拆除，偿还，抄写，陈述，抽查，筹备，处罚，处分，处理，传达，答复，打扮，打听，代替，逮捕，担任，登记，抵抗，调查，调动，动员，斗争，督促，锻炼，兑换，发表，发挥，发展，翻译，反省，反映，防备，防止，访问，分配，分析，分别，讽刺，否认，抚养，辅导，改革，改良，改造，感激，告诉，攻击，估计，鼓动，观察，管理，广播，规定，核对，呼吸，护理，化装，欢迎，恢复，回忆，汇报，活动，积累，集中，计较，计算，记录，假装，驾驶，坚持，检查，检讨，检验，建设，建筑，鉴别，奖励，交换，交流，校对，教训，教育，接待，接见，接受，揭发，解决，介绍，进行，经受，纠正，救济，举行，开展，考虑，考试，考验，控诉，控制，扣留，扩充，朗读，浪费，联络，联系，练习，了解，领导，领取，埋葬，买卖，冒充，描写，没收，挪用，排除，排挤，排练，排列，盘算，盘问，判断，抛弃，培养，赔偿，批发，批改，批判，批评，品尝，聘请，评论，迫害，欺负，乞求，迁移，抢劫，侵略，请教，请示，庆祝，区别，忍耐，忍受，散发，商量，设计，申请，审查，生产，拾掇，使唤，使用，侍候，实验，收集，收拾，树立，思考，搜查，搜集，算计，谈论，探望，讨论，提拔，替换，挑选，调剂，调解，调整，挑拨，通知，突击，团结，推测，推荐，挖苦，玩儿，维持，慰问，稳定，侮辱，袭击，吓唬，限制，陷害，享受，消除，孝敬，笑话，协商，休息，修养，修改，修理，叙述，宣布，学习，训练，研究，掩盖，掩护，掩饰，养活，摇晃，移动，议论，引诱，隐藏，隐瞒，迎接，应付，拥抱，预备，预防，预料，阅读，运输，酝酿，糟蹋，责备，掌握，招待，招呼，召集，照顾，照料，折腾，镇压，争吵，争夺，争论，征求，整顿，整理，躲避，发挥，发展，翻译，防备，防止，访问，讽刺，巩固，估计，恢复，揭露，理解，了解，领导，彷徨，评论，破坏，签订，切除，侵略，侵占，请示，庆祝，区别，忍耐，忍受，丧失，损失，淘汰，消化，选举，邀请，折腾，证明，支使，执行，指导，指定，指挥，指责，治疗，制定，制造，制止，主持，嘱咐，注解，转移，准备，综合，总结，阻挡，阻止，组织，琢磨，安插，安排，拆除，陈述，筹备，打听，防守，分配，抚养，辅导，改造，鼓动，合作，护理，化装，回答，活动，集合，集中，计算，交代，解释，介绍，朗读，念叨，判断，培养，配合，拾掇，讨论，享受，孝敬，休息，训练，掌握，招呼，支使，指责，转移，准备，组织，挨，朝，成，成功，成为，超出，传导，闯练，附带，顶替，断绝，犯，该，超过，压倒，遇到，供（提供），管辖，符合，回报，熟悉，托付，寄托，夹杂，掺杂，看见，降，解冻，解除，开拔，开办，开始，搭理。

实现类：

闭，掉，跌，叠，丢，断，堆，破，杀，升，缩，卸，巩固，揭露，破坏，切除，侵占，丧失，损失，淘汰，消化，传达，恢复，理解，了解，排除，抛弃，切除，树立，损失，替换，消除，消化，糟蹋，传染，得到，关，尽（全部用出或尽量完成），拉拢，灭（使不存在/消亡），破（突破；打败；花费），闪（因动作过猛，使一部分筋肉受伤而疼痛），胜（胜利/我胜了），剩（剩余），下（攻陷，又下一城），谢（萎缩，脱落，花谢了），促进，打破，放心，扩大，连累，了结，灭亡，消灭，震动。

即行类：

喘，咳嗽，呕吐，念叨。

致使类：

闭，堆，搞，降，弄，使，饿（饿死我了），爱（爱死我啦），恨（我恨得他死），叫（使/命令），灭（使不存在/消亡），让（指使/容许听任），咬（咬死他），促使，使得。

二、不能进入汉语结果句式的动词

如果一个动词只是单纯表示一个状态，不具备内部的时间结构，那么就不能进入结果句式。最典型的就是关系动词和能愿动词，如：病，差，穿，愁，戴，惦记，等（等待），饿（我饿了），怀疑，昏迷，嫉妒，渴，泡，死，着，彷徨，爱（我爱他，多义），爱好，爱护，爱惜，敢（敢于），恨，仇视，怨恨，能，盼（盼望），欠（借别人的财物等没有还或应当给人的东西还没有给），暗（天空中没有云或云很少），缺（1 缺少；2 残缺；3 该到的未到），染（染病，染色，感染），瞎（失明），嫌（嫌弃），想，向（偏袒，向着他），像（相似），信（相信），醒（非睡眠或意识模糊状态），姓（他姓王），哑，有，怨，晕，在，着（着火啦!），等，等待，等候，发愁，放心，敢，敢于，感到，感动，害怕，害羞，后悔，怀念，计较，记得，懒得，埋怨，满足，没有，迷信，能够，盼，盼望，佩戴，佩服，期待，期望，企图，情愿，热爱，忍心，认得，认识，认为，伤心，失望，顺从，讨厌，忘记，喜欢，羡慕，相信，想，想念，信任，以为，着急，指望，知道。

此外，像"说服、说明、推翻、推广、打倒、证明、放松、改正、提高、刷新"这样的词，因为其本身含有行为和结果，不能作为结果句式的述语动词或补语动词。

第四节　英汉结果句式事件内容对比

根据认知语法的语义观，一个表达式的语义结构既包括概念内容，又包括对概念内容的识解。概念内容通过认知域来刻画，识解体现了说话人对概念内容具体的认知加工方式。结果句式的概念内容构成它们的事件内容或事件结构，决定句式所编码的事件类型。

从理论上讲，像其他表达式一样，结果句式的语义刻画涉及的认知域是开放性的，所以，其事件内容具有百科知识性。根据对比的目的，在此我们选取直接相关的认知域来进行结果句式事件内容的刻画和对比，主要包括致使性（causality），有界性（boundedness/telicity），自主性（volitionality），受影响性（affectedness），瞬时性（punctuality），和方式性（manner）等。

一、致使性

毫无疑问，致使性是结果句式最突出的特点。Comrie（1976）认为，可将致使结构根据致使语义的形态表达分为三类：分析型致使结构（analytic causative）、形态型致使结构（morphological causative）和词汇型致使结构（lexical causative）。

分析型致使结构的典型形式是致使行为和结果各有一个独立的谓词体现，英语中主要有"cause, let, have, make, get, bring about"。汉语中主要有"使、叫、让、令、教"，如：

（1）a. He drove me crazy.

b. 他的才智令我刮目相看。

形态型致使结构的特点是致使谓语通过形态派生与非致使谓语发生联系。比如 beautify 和 beautiful，hard 和 harden 以及 large 和 enlarge 等。汉语虽然没有像英语那样的形态变化，但是依然存在形态型致使结构，"化"可以看作一种特殊的后缀形式。

（2）a. They beautified the city.

b. 必须继续美化城市。

词汇型致使是指致使行为和结果由一个词表达，比如"explode"和"炸"。但是，英语和汉语在词汇型致使上存在一定的差异性。explode 这个词同时词汇化"行为"和"结果"，而"炸"则不需要同时词汇化"行为"和"结果"。所以，我们不能说"They exploded the bridge, but failed to explode it."，因为 explode the bridge 就已经隐含"桥被炸掉了"。但是同样意思的句子如果用汉语表达却是可以的——"他们炸了桥，但没有把它炸掉。"

因此，"致使性"是英汉结果句式的核心认知域之一。

二、有界性

结果句式表达一个有界事件，英汉动结结构中补语具有"界化事件""标识经历者的最终状态"或"详解信息"的功能。但是我们必须注意到，动词和事件并不是等同的。

例（3）修改如下：

（3）a. She froze the jelly solid.

　　　b. Lane broke the vase into pieces.

　　　c. She pushed the door open.

　　　d. He shouted himself hoarse.

　　　e. 玛丽哭湿了枕头。

　　　f. 他们打球打累了。

　　　g. 花瓶打碎了。

可以看出，a，b 中的动词（froze，broke）是有界的，而 c，d 中的动词（push，shout）却是无界的。但是，这四个句子都是英语中典型的结果句式。根据 Goldberg（1995）的观点，是 open，hoarse 等结果形容词表示事件的界，从而赋予了这种句式有界性。

在汉语中，无论是"哭湿了"还是"打碎了"，里面的结果状态都起着界化事件的作用，后面的"了"表示结果状态的实现。总之，不管动词本身的语义特性有没有包含有界性，有界性都是英汉结果句式的核心认知域之一。

三、自主性

在英语结果句式中，很多主语都是有意志的施事。比如：

（4）a. John painted the wall red.

　　 b. He pushed the door open.

但是情况也并不总是如此，比如：

（5）a. She coughed herself awake.

　　 b. The river froze solid.

还有更特殊的，比如：

（6）a. She watered the tulips dead.

　　 b. He cooked the food black.

可以看出，（4）a 中，John 把墙刷成了红色，这肯定是 John 意志的体现。同理，（4）b 中，他把门推开，也体现了他的意志。但是（5）和（6）中的四个句子就不同了。首先，（5）a 中，cough 这类动作，并不是人们能够自主控制的，所以没有体现出自主性。在（5）b 中，河流结冰是天气变冷导致的一种客观物理现象，不能表明河流的自主性。在（6）a 中，tulips（郁金香）被浇死并不是她的主观意愿；在

（6）b 中，食物烧焦同样也是意外事件，并不是"他"有意要烧焦的。所以这些句子均体现不出自主意愿性。

同样的，在汉语结果句式中，比如以下几个句子：

（7）a. 他递了一本书给老王。

　　b. 我想死你们了。

　　c. 松花江上的冰融化了。

我们发现主语可以是有意志的施事，如"他"和"我"，也可以是由于天气变暖，造成松花江的冰融化这个客观现象。

可见，在英汉结果句式中，并不是所有的句子都包含自主性这个认知域。因此，我们认为"自主性"属于次核心认知域。

四、受影响性

一些英语结果句式可以转换为对应的被动形式，比如：

（8）a. John broke the vase into pieces.

　　a′. The vase was broken into pieces.

　　b. John painted the wall red.

　　b′. The wall was painted red.

　　c. John wiped the table clean.

　　c′. The table was wiped clean by John.

我们可以看到动词后的宾语都是受事。因此，我们说英语结果句式中包含受影响性。但是也要注意到，还有一些类型的句子中动词是不及物的，比如：

（9）a. Professor Smith talked us into a stupor.

　　 a′. We were talked into a stupor by Professor Smith.

　　 b. He ate himself sick.

　　 b′. ＊He was eaten sick（by himself）.

　　 c. Dora shouted herself hoarse.

　　 d′. ＊Dora was shouted hoarse（by herself）.

　　如上述几例，它们并不是都能转换为被动句。但是，同时也要注意到，这些句子中的宾语确实受到了影响。汉语中同样存在和英语相似的情况，比如（10）中的句子：

（10）a. 诸葛亮气死了周瑜。

　　　 a′. 周瑜被诸葛亮气死了。

　　　 b. 他喝醉了。

　　　 c′. ＊他被喝醉了。

　　可见，几乎所有的英汉结果句式都包含"受影响性"。因此，我们把"受影响性"归入英汉结果句式的核心认知域。①

五、瞬时性

　　我们知道，英汉结果句式描述的是一个实体在经历动词所表征的动作后，发生了状态或位置变化的事件。Goldberg（1995）认为，像下面（11）a 这种句子，必然隐含的是一个持续性过程，他肯定不是只吃了一口，而是吃到了一定程度后才吃病了。

---

① 关于带假宾语的结果句式的分析，详见第七章第三节。

（11）a. He ate himself sick.

　　　b. John painted the wall red.

　　　c. John broke the vase into pieces.

（11）b 中描述的肯定也不是一个瞬时事件，把墙刷成红色不可能一下子就完成，而是一个持续性的过程。但是也有 c 这样的句子的确描写了一个瞬时事件，不过数量非常少。

再来看一下汉语中的情况，如：

（12）a. 玛丽哭湿了枕头。

　　　b. 衣服洗累了妈妈。

　　　c. 列宁打破了花瓶。

同样的，（12）a、b 两句中的"哭湿了枕头"和"洗累了妈妈"也都是持续性的；只有（12）c 可以算是瞬时性的，而且数量很少。

因此，我们认为瞬时性不是英汉结果句式的中心认知域。

六、方式性

结果句式通常不描述行为的方式，也就是说在决定一个句子是否可接受时，方式并不重要。因此，我们把"方式性"排除在英汉结果句式的中心认知域之外。

第五节　小　结

考察事件离不开对动词的考察。在本章中，我们首先以 Vendler 的四分法为基础对动词进行了分类，分别给出了哪些词能够进入英语结果句式和汉语结果句式。结果句式的概念内容表现为它们的事件内容或事件结构，是它们所编码的事件类型的划分依据，它的刻画涉及多个认知域。

因此，我们通过"认知域"对英汉结果句式的事件结构进行了分析梳理。经过观察，发现英汉结果句式的核心认知域有致使性（causality）、有界性（telicity）和受影响性（affectedness），次核心认知域有自主性（volitionality），不太相关的认知域则有瞬时性（punctuality）和方式性（manner）。

英汉结果句式的事件结构差异主要体现在致使性和有界性两个核心认知域上。在致使性上，可继续细分为分析型致使结构、形态型致使结构和词汇型致使结构。汉语和英语在后两者上存在一定差别，如汉语缺少英语那样丰富的形态变化，但也有"－化"这种特殊的手段。在有界性上，英语中一些词本身带有结果，即有界；如果没有，结果补语或结果句式本身也会赋予有界性。而汉语的有界性则主要通过"结语＋了"来体现。

第七章

英汉结果句式的语义合成机制

认知语法秉持语义合成观。语法构式的语义是部分合成性的，完全合成性只是一种特殊情况。这是由基于使用的语法观决定的。因为语法结构来自语言用例，而语言用例在具体的语境中都有着丰富的内容，这些语言用例在规约化和图式化的过程中必然失去不少具体的语义特征，造成不完全合成性的结果。

本章我们将致力于英汉结果句式的描写和分析，探讨它们的语义合成机制，解释语义合成的认知基础。我们的分析将基于第四章中提出的英汉结果句式的复杂中心观展开。我们认为，英汉结果句式的语义合成机制体现在两个方面：第一，构式图式的允准；第二，表达式成分的整合。英汉结果句式的语义异同主要体现在这两个方面的认知操作。

第一节　构式和构式图式

在认知语法中，构式是象征结构的组配体（assemblies），是复杂的象征结构，因为它包含两个或两个以上的象征单位。构式的不同存在于图式性、复杂性、规约性（或心理固化程度）这几个方面，但在语法中它们都是象征单位，采用统一的刻画方式。

构式有典型和非典型之分。一个典型的构式包含两个象征成分结构，一个凸显关系，一个凸显事物；名词性凸显对应于关系性凸显中的一个焦点参加者（射体或界标），该焦点参加者是图式性的，在合成中充当详释位［e（laboration）－site］，接受名词性凸显的详释，二者叠加成为一体；合成结构继承其中一个成分结构的凸显。（Langacker，2003：57）

根据以上标准，名词短语 smart woman（聪明的女人）就是一个典型的构式，如图7.1所示。该图包含三幅小图，下面的两幅小图表示成分结构，上面的小图表示合成结构，成分结构和合成结构都是象征结构，下面是音系结构，上面是语义结构。smart woman 包括 smart（聪明的）和 woman（女人）两个成分结构。形容词 smart 凸显关系，名词 woman 凸显事物。名词 woman 的凸显对应于形容词 smart 的焦点参加者射体，该射体对应于智慧等级上超过常模区域里的一个点。该射体是图式性的，在与 woman 整合的时候充当详释位。成分结构 woman 是凸显决定体，整合形成的合成结构继承了 woman 的凸显，所以，像 woman 一样，smart woman 也凸显一个事物。

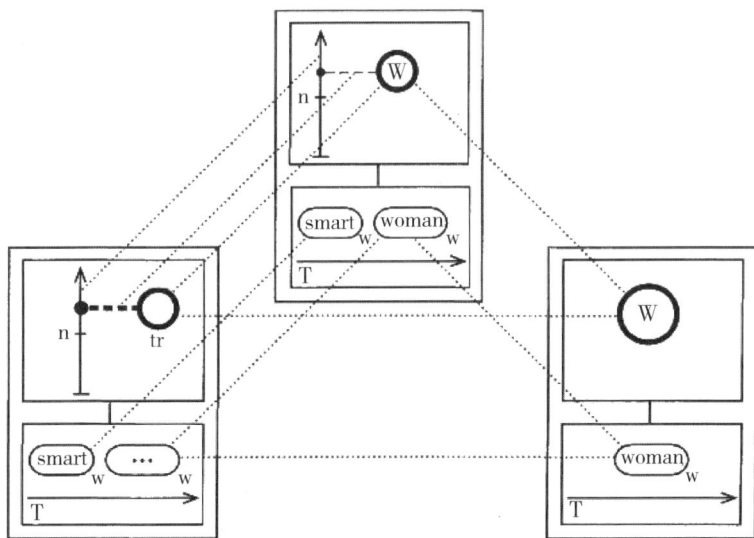

图7.1 典型构式 smart woman 的合成

为了适应多样性的表达需要，语言中存在多种非典型构式。如果说典型构式的结构是相似的，那么，非典型构式则以各自不同的方式偏离典型构式，显示自己的非典型性。（Langacker，1988c，1999，2003，等）有的非典型构式不能两分为两个成分，如在 big ugly vicious dog（大的、丑陋的、恶毒的狗）中，每个形容词都提供一个射体与 dog（狗）的凸显相对应。有的构式没有凸显决定体（中心），如同位语构式（如：语言学家沈家煊；sailor man）、同一关系构式（如：今天端午节），复合词［如：pickpocket（扒手）］。有的构式里的详释位不是事物，而是关系，如 run fast（跑得快/快跑）就代表了这样的情况，这里的副词 fast 的射体是一个过程。有的构式里面的详释位不是焦点参加者，有的构式里面甚至根本就没有详释位，如在 go away angry（生着气离开了）里，成分结构 go away（离开）和 angry（生气的）的整合依靠的不是详释位，而是两者的射体的对应关系，还有一个离开事件通过的时间跨度与构成生气事件的时间跨度之间的对应关系。如此等等。

无论是典型构式还是非典型构式，它们的组织结构中都有一个不变的因素，就是成分结构间的对应关系。只要有它的存在，构式成分之间的联系就可以建立起来。

构式图式表征具体表达式的共性，语法即寓于各种构式图式之中。构式图式在复杂性和抽象性上各有不同，如［V NP1 NP2］，［TRANSFER NP1 NP2］，［send NP1 NP2］，［send Mark NP2］，都是图式，它们的差别在于抽象性不同。再例如［V NP］，［V NP AP］的区别在于后者比前者更为复杂。图式与新的表达式之间（包括结构相同抽象性有别的图式之间）的关系是图式－实例关系。构式图式通过范畴化允准（sanction）具体的表达式。图式相对于新的表达式的角色有两个：一是作为新表达式产生的模板；二是对新表达式的合法性做出判断。如果二者是实例化关系或详释关系，那么，新的表达式就是合法的，否则就是不合法的。例如（Langacker，1986：19）：

图7.2中的［［THING/X］－［［PROCESS/Y］－［ER/er］］］是一个构式图式，chalk－sharpener（削粉笔器）是一个新表达式，箭头

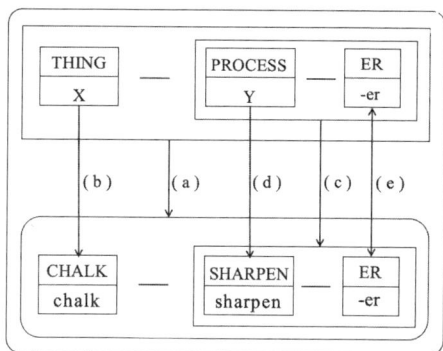

图7.2 构式图式对新表达式的允准

表示实例化（instantiation）范畴化关系，"－"表示整合关系，圆角方框表示该结构还没有获得单位身份（即成为规约化的单位）。虽然如此，但这个新表达式是合法的，因为它从成分结构到合成结构都获得了构式图式的范畴化（虽然整个新表达式和构式图式对它的整体范畴化都没有获得单位身份），这些范畴化关系构成了它的结构描写（structural description）。

具体到结果句式，我们认为，第四章提出的各个句式复杂中心构成了结果句式的构式图式，通过它们的允准，新的结果句式得以产生。

第二节　语义合成的要素和模型

语法构式的描写主要涉及四个要素：对应关系（correspondence）、凸显（profiling）、详释（elaboration）和组构（constituency）。语法构式意义的建构就体现在这几个因素的综合角色的发挥上，它们集中反映了认知语法语义配价的概念。

一、自主/依存模型

与传统的配价理论不同，在认知语法里，配价关系存在于象征结构之间。如果两个或多个象征结构整合成一个更为复杂的象征结构，那么，在这些象征结构之间就存在配价关系。象征结构的性质决定了配价关系既存在于语义极又存在于音系极。那么，这种配价关系是如何建立的呢？Langacker（1987a：278）指出，一如化学上的配价关系建立在电子的基础上，语言表达式之间的配价关系建立的基础是成分共享。如果两个成分表达式拥有共同的次结构，两者之间就建立起了配价关系。共享的次结构之间是一种对应关系。Taylor（2002：229）指出，X 与 Y 有配价关系，如果 X 结构里的某一成分被识解为等同于 Y 结构的某一成分，而且能够与之融为一体。Langacker（1987a：Cha. 8；2008：Cha. 7；2013：Cha. 7）从对应关系（correspondence）、凸显决定性（profile determinacy）、概念（以及音系）自主和依存（conceptual as well as phonological autonomy and dependence）以及组构（constituency）四个方面对配价关系进行了论述。对于向心结构，这四个方面中的自主依存关系具有把构式诸成分联结起来的特性。针对该关系的特点，牛保义（2007；2008a；2011b）在深入探讨配价关系诸方面的关系后提出了一种认知分析模型，为从结构内部的成分性质、相互关系和组织方式对语法构式的语义描写提供了一个可以操作的路径。自主/依存分析模型的主要思想如下。

自主/依存模型以自主/依存关系为核心，统一了配价关系的各个方面。在该模型中，对应关系是必要条件，凸显决定性决定着自主/依存联结产生的合成结构和成分之间的凸显继承关系，组构反映自主依存/关系在自主/依存联结过程中的层次性。

自主结构（autonomous structure）是指独立存在的、其明示（manifestation）不预设别的结构的语义或音系结构。而依存结构指其明示预设另外一个结构的语义或音系结构。例如，在音位上，相对于辅音，元音是自主结构，因为元音自身的明示不需要预设辅音；而相对于元音，辅音是依存结构，因为辅音的明示预设元音。在语义上，关系在概念上是依存结构，因为关系预设相关实体的存在。（Langacker，1987a：486，

488）可见，自主/依存结构是双级性的（bipolar），既存在于语义极又存在于音系极。我们的分析将在语义极进行。

常见的自主概念有表示物体（physical object）的名词，如"天""土地""动物"等；表示关系的名词，如"叔叔""外甥"等；这些名词自身的明示预设别的概念，有一定的依存性，所以说是概念自主性较低的概念。常见的依存概念有表示方位、时空等概念的介词，如 on、in 等；表示性质、品质或特征等概念的形容词，如 strong、heavy 等；表示方式、程度等概念的副词，如 quickly、quietly 等；表示动作或状态的动词，如 learn、run、be 等。比较自主结构和依存结构的特征，我们可以得到如表 7.1 所示的认识。（见牛保义，2007：101）

表 7.1　自主结构和依存结构的特征对比

自主结构	依存结构
实体（entity）	关系、过程
具体、实在	虚泛
丰裕	狭窄
独立出现	不独立出现、预设其他成分
比较稳定	不太稳定

自主结构和依存结构构成自主/依存关系。自主/依存关系可以定义为：D（依存结构）依存于 A（自主结构），如果在一个配价关系（valence relation）中，A 构成了 D 里一个突显的图式性次结构（schematic salient substructure）的详释（elaboration）。（Langacker，1987a：300，356）换言之，在自主/依存关系里，D 的明示依赖 A，通过 A 对自身突显的图式性次结构具体详细的详释而实现。如在短语 above the table 里，above 是依存结构，而 the table 是自主结构，above 包含一个突显的图式性次结构，the table 具体详释了该次结构。具体来说，above 包含一个图式性次结构界标，该界标被自主成分 the table 的凸显所详释，即标明是在 the table 的上面，而不是在 the house 等的上面。the table 之所以能

够详释 above 突显的界标，是因为在 above 突显的界标和 the table 的一个凸显之间存在着对应关系，或者说，二者之间存在等同关系。这种对应关系或等同关系构成了自主/依存关系的基础。

根据自主/依存关系，我们可以把自主成分和依存成分联结起来。自主/依存联结就是在自主/依存关系的基础上，通过详释关系和凸显决定性把自主成分和依存成分联结成一个相对自主的合成结构。仍以上例 above the table 来说明。合成结构 above the table 的产生来自依存结构 above 和自主结构 the table 的联结。依存结构 above 提供一个详释位，该详释位即为它的突显的次结构界标，该详释位对应于自主成分 the table 的凸显，于是 the table 对该详释位做出具体的详释，从而实现 above 与 the table 的联结，联结的结果是产生合成结构 above the table。由此可见，详释位代表了依存成分突显的次结构和自主成分的凸显之间的详释关系，或对应关系。没有这种详释关系，就没有这种自主/依存联结的实现，也就没有相应的合成结构的出现，所以，从某种意义上说，自主成分与依存成分次结构之间的详释关系（对应关系）是自主/依存联结的充分必要条件。（牛保义，2007：104）

另一方面，我们发现，联结成分 above 和 the table 对合成结构 above the table 的语义贡献不同。在自主/依存联结中，依存成分 above 把自己的凸显加在合成结构 above the table 上，或者说，合成结构 above the table 继承了依存成分 above 的凸显，正是在此意义上说，above 是合成结构 above the table 的凸显决定体（profile determinant）。推广到一般，凸显决定体就是指其凸显被合成结构继承了的成分结构。正因为合成结构所代表的构式 above the table 继承了 above 的凸显，所以，我们说 above the table 凸显一种方位关系，即"在某物的上面的方位"。需要注意的是，虽然 above the table 和 above 的凸显相同，但两者的详细度不同。Above 表示的方位是图式性的，而 above the table 表示的方位是具体的。也就是说，above 表示"在某物的上面"，具体是在什么物上面，我们不得而知，而 above the table 表示"在桌子上面"，而不是"在椅子上面"或其他的什么事物上面。

通过以上的分析和讨论，我们不难发现，在自主/依存联结中，自主成分和依存成分之间存在着两种不对称关系，分别代表两种不同视角下自主/依存关系的表现。一方面，相对于依存成分，自主成分分量重，包含了丰富实在具体详细的信息。另一方面，从对合成结构的语义贡献来看，不同成分的贡献未必一样。一般来说，合成结构只能继承一个成分的凸显。这里有两种情况，一种是合成结构继承依存成分的凸显；另一种是合成结构继承自主成分的凸显。在自主/依存联结中，如果依存成分充当凸显决定体，我们得到的是中心/补足语关系（head/complement relation）：依存成分是中心，自主成分是补足语；如在 above the table 里，依存成分 above 充当凸显决定体，所以 above 和 the table 之间的关系是中心/补足语关系，above 是中心，the table 是补足语。如果自主/依存联结里的自主成分充当凸显决定体，我们得到的是中心/修饰语关系（head/modifier relation）：自主成分是中心，依存成分是修饰语；如在 the lamp above the table 里，自主成分 the lamp 是凸显决定体，这时，the lamp 和 above the table 之间是中心/修饰语关系：the lamp 是中心，under the table 是修饰语。（参看 Langacker，1987a：309；Taylor，2002：228－231；牛保义，2007：105－106）

自主/依存联结依次在不同的层面实现可以构成更大更复杂的合成结构，这种合成路径称为组构（constituency）。每个自主/依存联结实现后产生的合成结构都是一个组构体（constituent），可以参与更高层次的组构。认知语法认为，组构体现了人类认知的基础——层级性（hierarchy）。两个成分通过自主/依存联结整合成一个合成结构，该合成结构又可以作为成分与别的成分通过自主/依存联结整合成更大的合成结构，依此类推。例如，首先，above 和 the table 整合成合成结构 above the table；above the table 和 the lamp 在更高的组构层面整合成 the lamp above the table；该合成结构又可以和 fixed 在更高的组构层面整合成 fixed the lamp above the table；在下一个更高的层面，我们又可以得到 My brother fixed the lamp above the table。当然，这个过程还可继续。

值得注意的是，组构顺序可以是灵活的、变化的，不同的组构顺序或合成路径可以导致相同的合成结构。（Langacker，1988c：105；1987a：316－321）例如，对于构式 Alice admires Bill 的产生，可以采用图7.3 中的组构顺序（参见 Langacker，2005a：171）。

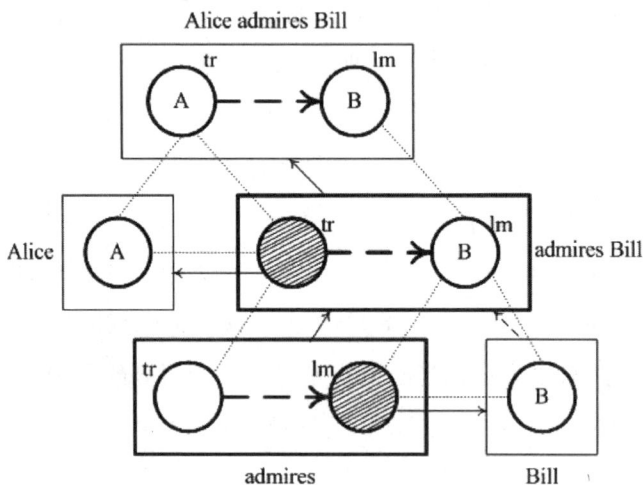

图7.3　组构顺序一

可以观察到，在第一个层面，依存成分 admires 提供一个详释位界标，该界标对应于自主成分 Bill 的凸显，受到 Bill 的详释，从而在第二层面上产生了合成结构 admires Bill；在第二个层面，admires Bill 作为一个依存成分提供一个详释位射体，得到自主成分 Alice 的详释，结果在第三个层面得到构式 Alice admires Bill。

我们可以采用第二种组构顺序得到合成构式 Alice admires Bill，如图7.4 所示。

根据图7.4，首先，依存成分 admires 提供一个详释位射体，得到自主成分 Alice 的详释，从而产生合成结构 Alice admires；在第二个组构层面，Alice admires 作为依存成分提供详释位界标，并得到 Bill 的详释；于是在最高层面产生相同的构式 Alice admires Bill。两种组构路径

Alice admires Bill

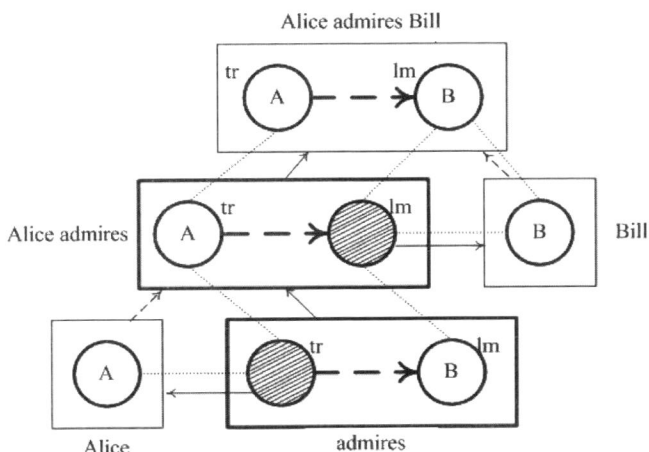

图7.4　组构顺序二

殊途同归。在这两个组构顺序中，都有一个合成结构在第二个组构层面充当依存成分，在图7.3所示的路径中是 admires Bill；在图7.4所示的路径中是 Alice admires。

除了这两种组构顺序外，我们甚至可以通过在第一个层面同时让两个自主成分 Alice 和 Bill 分别详释依存成分 admires 提供的两个详释位即射体和界标，从而在第二个组构层面直接产生构式 Alice admires Bill。这个过程可以表示为图7.5。

因此，在自主/依存联结模型里，对应关系是基础，因为它在每个自主/依存联结中作用突出；凸显决定性是自主/依存联结产生的构式的语义基础，因为合成结构继承了某个成分结构的语义凸显;① 而由于组构的灵活性和可变性，在自主/依存联结中，它不起本质性的作用。（Langacker，1987a：316 – 321；1998：1 – 32；1999：Cha. 5；2005a：171）

牛保义（2007：106 – 108）在对自主/依存模型概括时指出：自主/依存模型的核心思想主要包括自主/依存关系和自主/依存联结。自主/

---

① 凸显决定体对合成结构的作用主要体现在合成结构所表示的构式呈现出完全合成性的情况。

Alice admires Bill

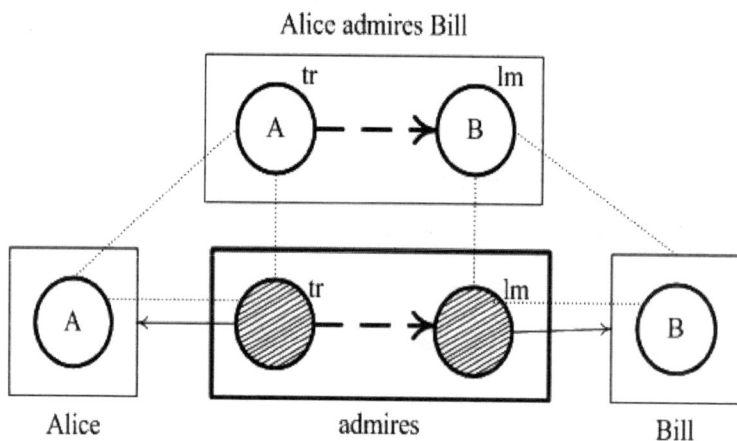

图 7.5　组构顺序三

依存关系即依存成分的次结构和自主成分的语义凸显之间的详释或对应
关系；自主/依存联结是在自主/依存关系的基础上，通过依存成分次结
构（详释位）和自主成分的语义凸显之间的详释关系以及合成结构的
语义凸显与成分结构的语义凸显之间的继承关系，把一个自主成分和依
存成分联结为一个相对自主的结构。自主/依存的模型可以用图 7.6 来
概括（见牛保义，2007：107）。

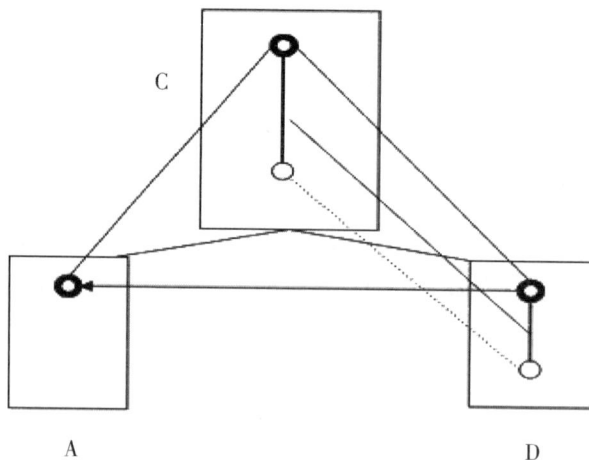

图 7.6　自主/依存模型

图中方框 A 为概念自主成分；D 为概念依存成分；C 为 A 和 D 联结而成的合成结构。A 中粗体小圆代表自主成分的凸显；D 中的粗体小圆表示依存成分中突显的图式性次结构，白体小圆代表非突显的次结构；箭头表示详释关系；用来连接两个小圆的粗体竖线代表关系；粗体斜线表示突显的对应关系，虚斜线表示非突显的对应关系。

自主/依存模型从语法构式的内部结构入手，解释了语法构式里成分之间的联结关系，从而解释了语法构式产生的动因；而且，由于自主/依存联结模型解释了语法构式各成分之间概念重叠（conceptual overlapping）关系和凸显决定体对语法构式整体意义的决定作用，所以，根据自主/依存联结揭示语法构式的语义结构和关系，再把成分结构表示的概念内容具体化，我们就不仅可以找到语法构式的意义（constructional meaning），而且可以揭示这种意义的建构机制。

二、复杂中心与自主/依存模型

自主/依存语义合成的模型对于向心结构的语义刻画很自然，因为自主/依存是一种不对称的关系，而向心结构就是具有不对称关系的一种结构类型。根据前面的论证，英汉结果句式是向心结构，中心采用动词复杂体形式。需要指出的是，当我们提出英汉结果句式复杂中心观的时候，我们等于坚持了生成整体论的观点。正如一粒种子在条件适宜的情况下可以生根发芽长成植株一样，句式中心也包含了生长出具体句子的所有信息，只要条件适宜，就可以"生长出"具体合法的句子。虽然新的句子是从小到大一步步组织起来的，但它的结构在出现之前就已经预先在既定的构式图式里设定好了。英汉结果句式的构式图式，就是句式中心决定的句式框架。它提供了一种产生无数新的具体合法的英汉结果句子的潜势，而这些新的句子的产生不过是这种潜势的实现。

因此，在接下来的语义合成机制的分析中，我们将把构式图式和自主/依存模型结合起来。这样做既能综合运用构式描写的基本要素，又能展现构式图式的允准功能。英汉结果句式大多是可以被称为偏离构式的结构，例如，He watered the flowers flat（他把花浇倒了）中的 water（用水浇）并没有致使义，为什么在结果句式里面就有了？如果单纯遵从从小到大的整合路径，在许多情况下就会面临为什么一整合就能产生整体大于部分的结果的困惑。我们的观点与 Goldberg（1995，2006）中构式决定观所不同的是，我们的图式是句式中心决定的图式，是处于动词和她定义的构式中间的层次，并且，我们的分析定位在构式的语义极，不涉及语义、动词和句法的界面，因为根据认知语法的象征观，语法构式中音系结构和语义结构之间的关系是规约性的。

在某种程度上，我们的观点与 Boas（2000，2003，2010）相似，都强调搭配在包括结果句式在内的构式中的关键作用。不同的是，他强调动词的框架语义信息在分布问题上的核心地位，而我们更强调构式图式和从小到大的整合，包括合成路径在某些分布问题上的关键作用。我们的方案与石毓智（2018）也存在相像之处：既承认结果句式作为构式的存在又强调动结结构的独立性，既强调构式的约定俗成性又不忽视它们自身的组织规则，但是，石先生的讨论是在句法和意义的接面上进行的，而我们的分析定位在结果句式的语义极。

第三节　英汉结果句式的语义合成和解读

在本节中，我们将在上节讨论的基础上，分类对英汉结果句式的语义合成机制进行描写，并作解读。从前面论述的道理出发，在展开中，我们主要采用图示加说明的方法。出于对比的考虑，我们在分析中会相互参照，同时，对于用于分析的英语例子，均给出汉译。

一、英汉及物结果句式的语义合成

（一）英语及物结果句式的语义合成

（1）a. Mr Hu usually put his lamp on the nightstand when he was a college student.

胡先生上大学时通常把台灯放在床头柜上。

b. Increasingly, child language research has placed the weight on interaction, not on some innate device which produces grammatical utterances in the child. （Frame-Net）

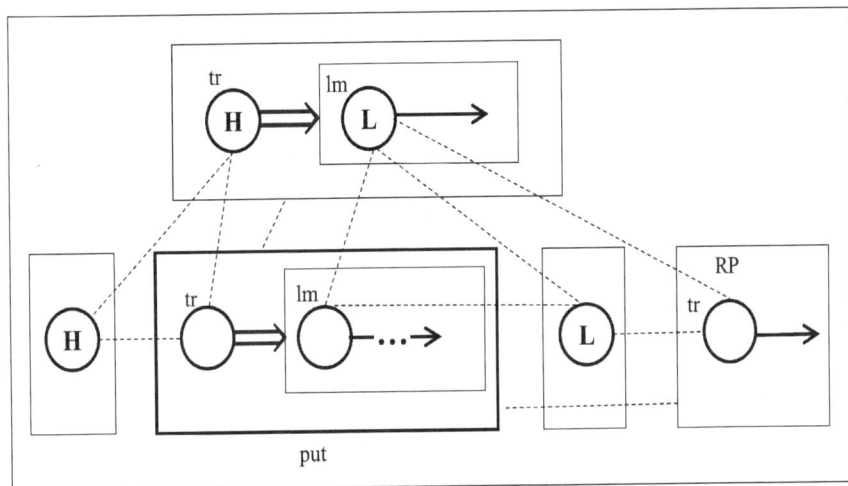

图7.7　（1）a 的语义合成

图7.7呈现了（1）a语义整合的方式和路径。在这个句子中，动词 put（放置）是句子中心，表现为它的语义结构与结果构式里的"使动构式"的结构一致，换言之，它是一个"使动动词"。在第一个层面，因为 put 是凸显决定体（中心），所以，表示其语义结构直接述义辖域的方框是黑体，里面的双线箭头表示力的传递，带点的箭头表示位

置移动，put 的整个结构表示射体作用于界标，从而使界标位置发生变化。该凸显决定体是一个依存结构。它提供的射体被具体的名词短语 Mr Hu（胡先生）所明确，界标由 lamp（台灯）所详释，因为它们之间存在对应关系（由虚线表示）。第一个层面最右边的方框表示一个结果短语，在本结构中为介词短语，表明界标变化的位置，其射体同时被 lamp 所详释，这样，在第二个层面，就形成了（1）a 的语义合成结构。

该类型代表及物英语结果句式中最为极端的情况，句子的语义呈现完全合成性（full compositionality）。

 （2）a. Frank wiped the table clean.

   Frank 把桌子擦干净了。

   Frank 擦干净了桌子。

  b. Dick painted the wall green.

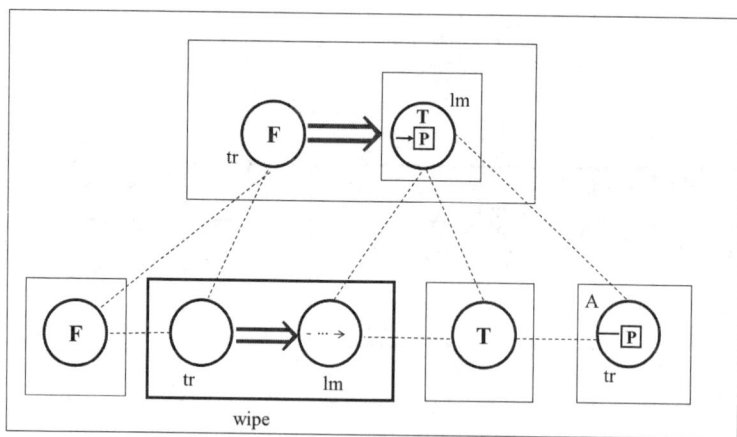

图7.8 （2）a 的语义合成

图 7.8 表征（2）a 的语义合成方式。wipe（擦）语义结构里的双线箭头表示一种力传递的关系。这里的黑体方框有两个含义：一是表示其部分凸显决定体的身份，意为其上层级的合成结构部分继承了它的凸显（即过程性特征），与此同时，因为根据我们对于中心的定义，中心

和实例之间是一种图式—实例或类型—实例关系，如果不是在动词的语义结构与构式的语义结构重合的情况下，动词是没有资格作凸显决定体的，而需要与结语甚至其他动词一起构成复杂中心，所以，它只能拥有部分凸显决定体的身份；二是表示它的过程身份（时间性关系），与其他的类型的关系区别开来。这里我们省略了表示概念化时间的时间轴而采用黑体，目的即在于此。

第一个层面包含 F 的圆表示 Frank，T 代表 table（桌子），最右边的方框表示一个形容词，它的射体具有某种属性。通过 F 与 wipe 的射体的整合，T 与 wipe 的界标的叠加（imposition），T 与形容词的射体的整合，在第二个层面，就构成了该句子合成的语义结构。在合成的语义结构里有一个变化的地方，表示形容词射体与属性关系的线段变成了箭头，为的是标明状态的变化。该事实表明，该构式的语义只具有部分合成性，整体大于部分之和，只有变化了的语义才能得到句子中心预设的图式性语义结构的允准。

在（2）a 的下面，我们给出了两种汉译版本。我们认为，第一种对应性更好。原因在于，表示结果的"把"字句有两个特点：一是变化的客事（一般为受事或移事，分别表示状态/性质变化和位置变化）靠近动词；二是结果置于句尾。再看（2）a，发生状态变化的 table（桌子）紧挨着动词，表示结果的形容词位于句尾。所以，从这两点平行性不难得出我们的结论。推而广之，典型的及物结果句式很有可能在汉译时都以译为"把"字句为上好选择。

（3）a. Tim kicked the football into the stadium.

　　　Tim 把足球踢进了体育馆。

b. Jenny push a cart to the checkout.

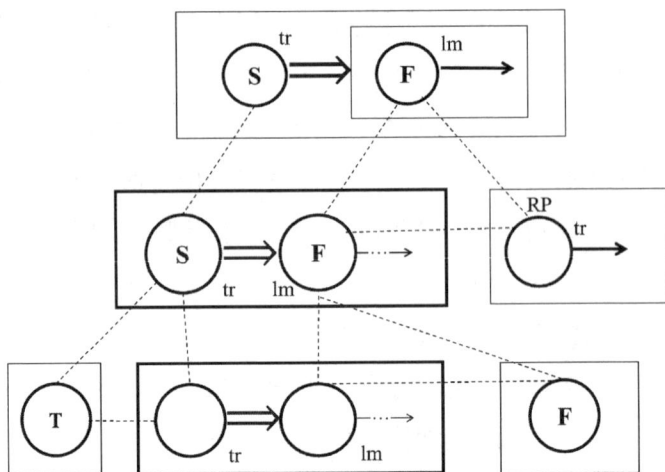

图 7.9　（3）a 的语义合成

图 7.9 是（3）a 的语义合成图。在第一个层面，中间的黑色方框表示拥有部分凸显决定体身份的动词 kick（踢），里面的射体对界标有能量或力传递，中间带点的箭头表示一种发生位置变化的自然可能性①，因为被踢的东西很可能发生位置的移动。因为是可能性而非现实性，所以用了细体虚线箭头表示，中虚表明非现实性，细线显示非必然性。T（Tim）与 F（football）分别明确 kick 的射体和界标，所得结构在第二个层面作为一个成分结构与结果短语（这里的 RP 用介词短语表示位置变化）里的射体整合，这次整合使得位置变化的可能性成为现实性，所以，在最终的合成结构中，箭头变成了粗实体。这种合成结构也经由动词与结语的整合得到了中心表征的构式图式的允准。

　　（4）a. Simon broke the dish into pieces.

　　　　 Simon 把<u>盘子</u>打成了碎片。

　　　 b. The fridge froze the water solid.

---

① 之所以说是可能性而不说现实性，是因为被踢的实体未必都会发生位置的变化，比如，如果踢的是墙壁。

202

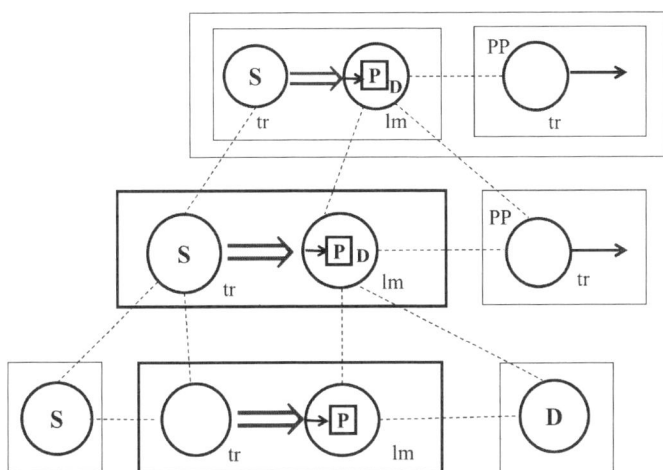

图 7.10 （4）a 的语义合成

图 7.10 刻画了（4）a 的语义建构。在第一个层面，中间的黑图表征 break 的语义结构它本身包含状态的变化（箭头表示变化，P 表示变化后的状态），该变化来自力的作用（双线箭头所示），但这里的结果是内隐性的，没有在语言表面显示。第一个层面的 S（Simon）和 D（dish）分别详释 break（打破）的射体和界标。在第二个层面，表示详细状态的介词短语的射体与 break 已经由 dish（碟子）明确的界标形成对应关系，实现叠加，从而在第三个层面形成句子的合成结构。可以看到，这里表示详细结果的介词短语在表状态变化方面是隐喻性的，即通过位置变化理解状态变化。

需要指出的两点是：第一，语言编码的结果表示的是状态变化的程度，通过该程度详解发生的变化。第二，在汉语中没有类似结构，例如，我们不能说"李四把盘子打破成碎片"或"李四打破盘子成碎片"，但是可以说"李四把盘子打成了碎片"。这种差异可能与汉语的音韵系统有关，但它反映了英汉两种语言在表达这方面的结果时表现出来的编码策略的差异，因而进一步反映了两种语言在这方面认知加工方式的不同。

（5）a. They drank the pub dry.

　　他们把酒馆喝干了。

b. Tim drove them to Washington D. C.

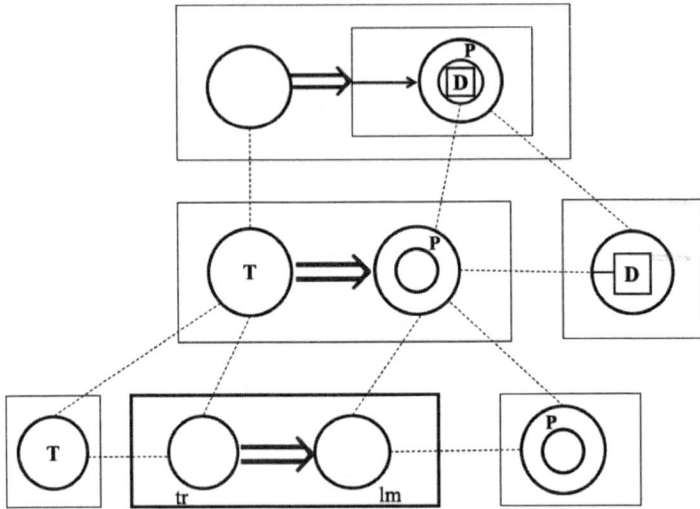

图 7.11　（5）a 的语义合成

图 7.11 表征（5）a 的语义合成机制。在第一层面，中间的黑色方框表示 drink（喝），射体为喝者，界标为喝的东西。T（他们）与射体整合，界标与酒馆（P）整合。酒馆里的酒水（用表示酒馆的大圆里的小圆表示）虽然在语言层面没有出现，但因为它直接参与"喝"的过程，所以成为概念结构中的活跃区（active zone），即"一个实体中与既定的认知域最直接互动的或直接参与既定关系的方面"（Langacker，1991：544），它的存在使得"喝"的界标与酒馆的整合成为可能，因为人们喝的是酒水而不是酒馆。在第二个层面，表示状态的形容词的射体与酒馆整合。在第三个层面，酒馆和酒水都发生了变化（见位于大圆里面与小圆外接的表示状态变化的 D 的位置）。因为在语言层面显性表现的是酒馆，所以表示变化的箭头只指向了大圆。

（6）a. James ran his feet sore.

詹姆斯跑酸了脚。

詹姆斯跑得脚都酸了。

詹姆斯把脚都跑酸了。

b. Mary danced John tired.

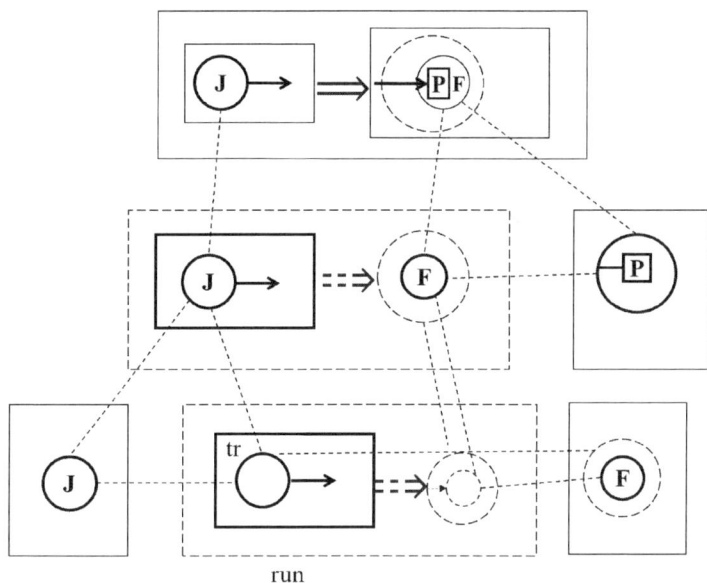

图 7.12　（6）a 的语义合成

图 7.12 刻画了（6）a 的语义合成。在第一个层面，中间的实线方框表示动词"跑"的语义，"跑"标示的过程可能会造成身体某一部分的变化，所以，外面的虚线方框就显示了这种可能性，虚线大圆与跑者具有同一关系，里面的小圆表示身体部位。这种可能性使得他的脚（用 F 表示）与动词 run（跑）成为可能，而 F 与虚线小圆之间的对应关系使得这种可能成为现实。同时，在第一个层面，詹姆斯（J）详释了 run 的界标。在第二个层面，表示属性的形容词（用右边的方框表示）的射体与 F 整合。这样，在第三个层面，除了表示对应关系的虚线，其他所有的虚线都变成了实线，意味着在第一个层面所有的可能性

都变成了现实。

这种语义合成展示出典型的非完全合成性。不及物的动词 run 与形容词合并构成复杂句子中心，从而使得 run 带上了宾语。这和汉语中第一个动词为不及物动词但能够带宾语的动结结构具有显而易见的平行关系，例如我们可以说"跑酸脚，跑断腿，哭湿枕巾"。语言学界通常用结语的语义指向来描写动结结构的及物性，从我们的分析可以看到，动结结构的及物性有其微妙的概念语义机制，是动结结构的整体功能。在 VR 中 R 为不及物动词但整个动结结构为及物结构的情况中，V 的非典型认知域在与结语整合的过程中被激活，从而使得整个结构具有了及物性。

（7）a. The children ran themselves tired.

　　b. Galene eats herself fat.

　　Galene 吃胖了。

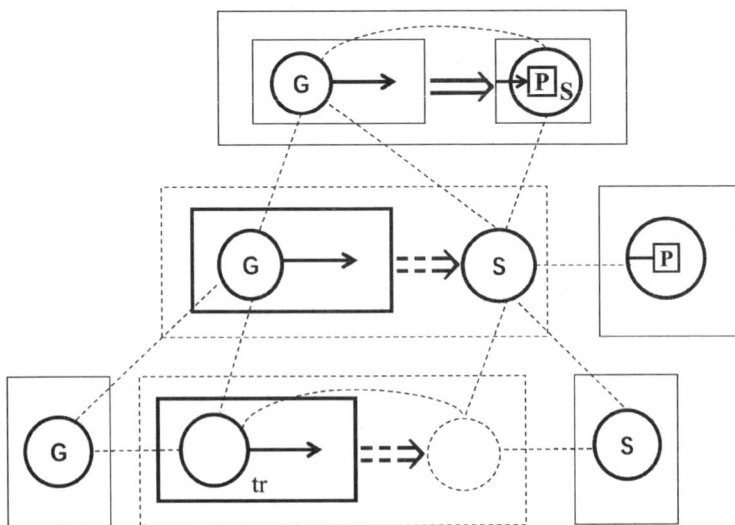

图 7.13　（7）b 的语义合成

本组例子是著名的被称为"假宾语"（Fake Object）的用例，图

7.13描写（7）b的语义合成机制。在第一个层面，中间的黑框表示 eat（吃）的语义结构，这里取不及物用法，原因在于，用于此处的 eat，界标不是显著信息。外面的虚线框表示一个边缘的认知域中的信息，该认知域由吃事件与吃者本人的关系构成，吃会对吃者本人的身体造成影响，这种可能性通过虚线双线箭头表示，可能受到影响的吃者与"吃"的射体之间呈现同一关系。G（Galene）和她自己 S（herself）分别详释"吃"的射体和可能受影响的自身。① 在第二个层面，凸显特征的形容词的射体与她自己整合。在这个层面，在第一个层面刻画的可能性依然是可能性。到了第三个层面，句子结构编码所需要的认知域的信息被彻底激活，可能性成了现实性。表示特征关系的直线被箭头代替，表示界标发生了变化。

从上面的分析可见，假宾语的称谓并非完全合理，它显示的只是表面现象，在意义合成中，它确实是受到影响的成分，虽然不能通过被动化测试，但它呈现出来的受影响性说明它的宾语身份是适宜的，常识和表面值（face value）只能说明它不是典型的宾语而已。

该句式在汉语中没有对应的类型。在汉语中，当结语指向主语时，我们要么用不及物结构（如：衣服洗干净了），要么用拷贝动词式（李四吃海鲜吃腻了）。

(8) a. He kicked open the doors to bedroom and kitchen, established that there was no one hiding behind them, and then raced across to kneel by Ray Doyle.

他踢开了卧室和厨房的门，确定没有人藏在后面，然后跑过去跪在 Ray Doyle 附近。

b. Craig was shot dead in 1988 in an East Belfast pub on the

---

① 这种现象被 Lakoff（1996：102）称为具身分裂隐喻（divided - person metaphor），包括人本身与身体部分（见（6））和人与自身。

orders of a new hardline leadership out to clean up the gang's image.

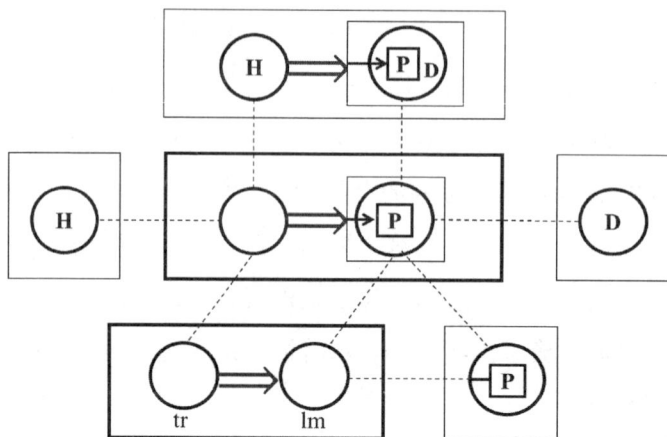

图7.14 （8）a 的语义合成

这种类型的结果句式是我们在汉语中熟悉的类型，动词和结语粘合在一起。图7.14 呈现（8）a 的语义合成。在第一个层面，黑框的内容表示 kick（踢）的语义结构，右边的方框是表示状态的形容词的语义结构，前者的界标与后者的射体整合，在第二个层面呈现出该句子的中心，表示界标在射体的作用下发生了状态的变化（P 左边的短直线变成了箭头，表示状态变化）。此时，他（H）与卧室和厨房门（D）分别详释由句子中心 kick open（踢开）预设的构式图式的射体和界标。在第三个层面，该小句的合成语义结构得以形成。

（9）a. Tim painted his room beautifully.

Tim 把他的房间刷得漂漂亮亮。

b. She fixed the car perfectly.

她把那辆小汽车修得无懈可击。

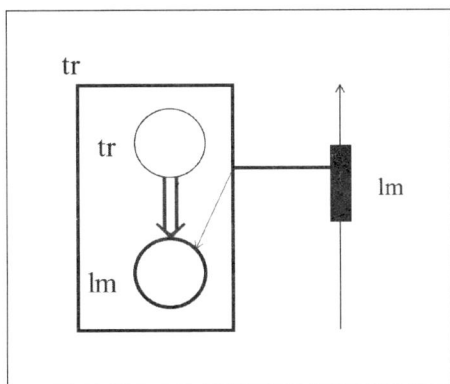

图 7.15 （9）a 的语义合成

（9）代表英语中一种特殊的结果句式，因为该类型的结语不是形容词，也不是介词短语，而是副词。图 7.15 刻画了这种类型的结果句式的构式图式。右边是表示评价的副词的图式性意义，它凸显一种关系，射体是一个过程，界标是沿着表示美学等级的纵轴上的一个区域。左边是一个过程射体。这种句式通过形式和意义的一种不匹配表达一种评价。虽然在形式上过程是射体，界标作为修饰语修饰该过程，但事实上，直接参与这种关系的是过程射体里的一个参加者界标，在（9）的两例中分别是 his room（他的房间）和 the car（那辆小汽车）。换言之，副词表示的是 his room 和 the car 的状态，而不是刷房间和修车过程本身。因此，过程射体里的界标是句子表达的过程（或时间性关系）的活跃区。从过程射体到活跃区涉及人类参照点能力（reference point capacity）的发挥。所谓的认知参照点能力，指的是"我们援用一个概念化的实体（即参照点）与另一个概念化的实体（目标）建立心理联系的能力"（FCG2：552）。在我们讨论的关系中，过程射体即为参照点，过程射体本身的界标是目标。说话人从界标到射体，再从射体到射体的界标（活跃区），是一种参照点能力的发挥。通过这种方式，表示状态的副词达到射体过程的界标，实现了该句式主观评价意义的功能。

Broccias（2004：117）和罗思明（2009：193）都认为，副词结语与过程界标之间的评价性关系是通过副词的形容词词基（base）实现的，因为，具体到（9）a，我们可以说 His room is beautiful（他的房间很漂亮）。我们认为，这种"间接"的关系是通过参照点能力的发挥实现的：从对过程的修饰出发，再到对过程界标的评价。这样的解读在认知合情性上显得更为自然。

该类型的结果句式可以归属为评价类，就我们目前的知识范围所及，应该是英语中唯一的一种表示评价的结果句式类型。相比之下，汉语可以用至少两种句式类型，一种是 SVR 类型，如"鞋买贵了""坑挖深了"；另一种是"'把'字句和'V 得'句"的混合句式，这个可见于我们为（9）提供的汉译版本。

（二）汉语及物结果句式的语义合成

（10）a. 张三打碎了花瓶。

　　　b. 李四推开了门。

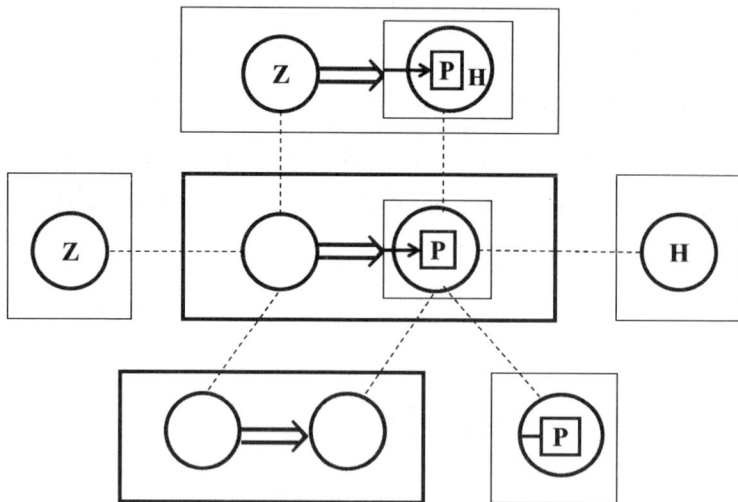

图 7.16　（10）a 的语义合成

（10）是典型的汉语结果句式，动词为及物动词，结语为形容词。这种类型的语义合成结构与英语中代表小众的中心为［VR］的及物结果句式相同。（10）a 的语义合成机制见图 7.16，具体说明请参看图 7.14，此处不再重复。

需要指出的一点是，在汉语中，很多被习惯称为动结式的动结结构具有很强的规约性，如"打开，提高，染红，磨破"等。这些结构在汉语中一般都可以及物和不及物兼用，被视为作格动词或作格动词短语。英语中的情况类似，但不同的是，在英语中的形式是词汇致使型的①，隐而不见，而汉语的情况是显然可见的。它们在结果句式里表现出类型差别：在英语中可以后跟显明结果具体程度的结果短语，而汉语则不行。如 He broke the vase into pieces 和 "＊他打破花瓶成碎片的对立"。

（11）a. 李四哭湿了枕头。

b. 张三笑疼了肚子。

例（11）代表的类型与英语结果句式（6）代表的类型相同，语义合成机制的表征一致，在此不再重复作图示性描写和分析。

（12）a. 我们都听懂了他的意思。

b. 他们看腻了那部电影。

图 7.17 表征（12）a 的语义合成机制。在第一个层面，左边的方框表征"听"的语义结构，表示射体和界标有单项作用关系，右边的方框

---

① 各家对致使的形式分类大致相同，但说法有别。Comrie（1976）将之称为分析型致使（analytic causative），如 cause（使）、let（让）、make（使）、have（使）、get（使）等表达的致使；形态型致使（morphological causative），如 enlarge（扩大）、beautify（美化）、widen（放宽）；词汇型致使（lexical causative），如 explode（爆炸）、kill（杀死）、melt（融化）、break（打破），等等。而 Langacker（FCG 2：408）依次将它们称为词汇型致使（lexical causative）、词缀型致使（affixal causative）和次词汇型致使（sublexical causative）。

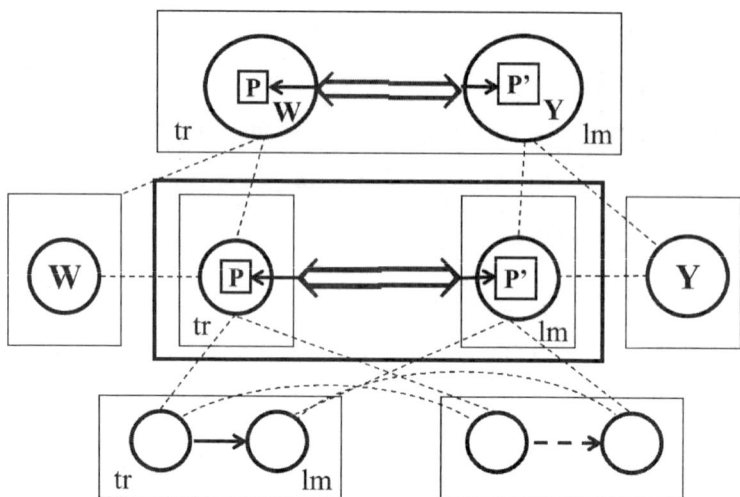

图 7.17 （12）a 的语义合成

表示一种理解性经验过程，即"懂"的语义结构。如图所示，两者都是及物的。由于两种关系的射体和界标分别对应，它们在第二个层面合成为一个构式图式，表征中心的语义结构。该合成结构具有了射体和界标的互动特征，分别都带上了一种特定的特征（分别由 P 和 P'表示）。正是由于这个原因，在它们的射体和界标分别为"我们"和"他的意思"明确之后，合成结构中的主语和宾语分别带上了对应的特征。对于主语"我们"来说，变化是进入"懂的状态"，而对于宾语"他的意思"来说，可以说进入了"被懂的状态"，所以，我们可以说，"我们把他的意思听懂了"或"他的意思被我们听懂了"。根据这种分析，我们不难看到，如果把这种句式的结语视为单纯地指向主语是有失偏颇的。

　　（13）a. 张三递给老王一本书。

　　　　　b. 张三递了一本书给老王。

　　图 7.18 呈现（13）a 的语义合成机制。在第一个层面，我们看到的是小句中心"递给"表征的构式图式。射体作用于界标使得界标进

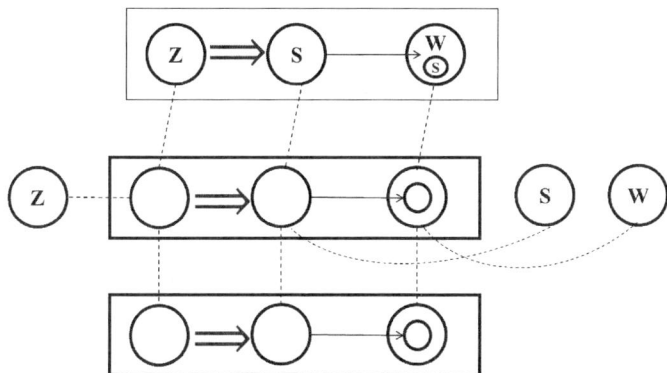

图 7.18　（13）a 的语义合成

入另一个实体的控制范围。需要注意的是，界标的转移路径是不显著的，表示在语言编码上不显现。在第二个层面，"张三"（Z）、"书"（S）和"老王"（W）分别详释中心图式提供的三个详释位，即射体、界标和接受者（recipient）。在最高层面，具体的语义合成结构得以实现，该具体句子强调界标"书"在射体的作用下经由位置移动后处于一种被拥有的关系。

如果把箭头粗体化，那么，构式图式就发生了变化，因为路径被突出（highlighted），虽然详释关系和概念内容完全一样，但最后得到允准的合成结构是（13）b，这时候，界标经过的被强调的路径，在语言上用独立的趋向动词"给"来明确。

二、英汉不及物结果句式的语义生成

（一）英语不及物结果句式的语义合成

（14）a. He walked to the store.

他走到商店。

b. The bottle floated into the cave.

瓶子漂进了山洞。

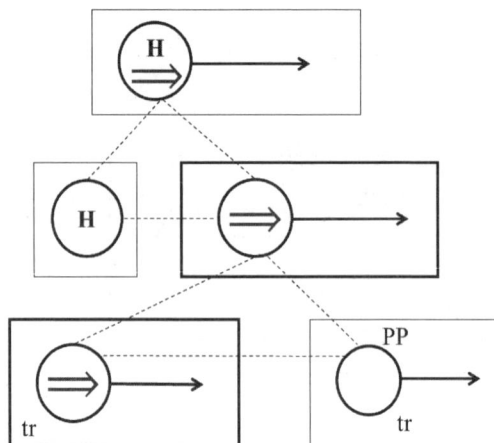

图 7.19　（14）a 的语义合成

例（14）是典型的被冠名为自动型结果句式的实例（如宋文辉，2007），图 7.19 表征这种句式的语义合成。在第一个层面，左边的盒子表征移动动词的语义，里面的双线箭头表示射体经由自我驱动发生位置移动，右边的盒子表征变化的位置。两种关系的射体具有同一关系，整合构成构式图式，提供的射体详释位在第二个层面被"他"（H）所明确，从而在第三个层面形成被构式图式允准的具体句子。

（15）a. A rainbow appeared on the west sky.

彩虹出现在西边的天空。

b. The moon disappeared behind the clouds.

月亮隐藏在了云的后面。

例（15）是包含隐现动词的结果句式，（15）a 是出现类结果句式的实例化，其语义合成表征为图 7.20。在第一个层面，射体从隐到现（如左边的盒子所示），右边的盒子表示出现的位置。在该层面，两种关系中的射体通过对应关系实现整合，在第二个层面形成中心决定的构式图式，表示射体出现在某个处所，该射体被"彩虹"（R）详释，在

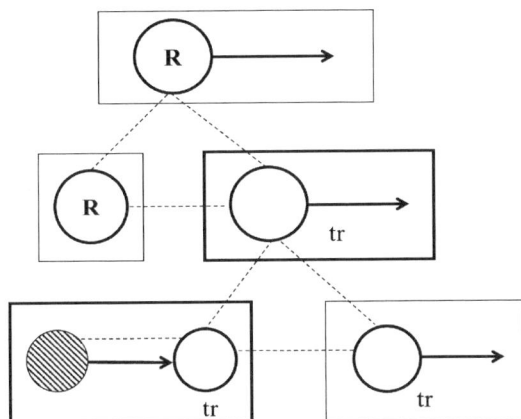

图 7.20 （15）a 的语义合成

第三个层面形成合成语义结构，该结构继承了构式图式的凸显，表现为具体的句子。

（16） a. The lake froze solid.

湖冻结实了。

b. The vase broke open.

花瓶烂开了。

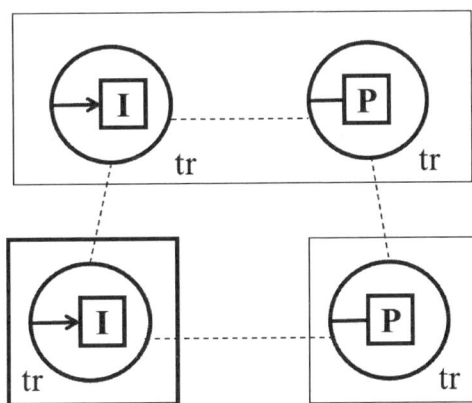

图 7.21 （16）a 的语义合成

　　例（16）的句子里的动词本身包含结果义，有及物和不及物两种用法，但在这里呈不及物。图 7.21 表征（16）a 的语义合成。在第一个层面，左框表征 freeze（冷冻）的语义结构，表示射体发生从非结冰状态到结冰状态的变化，右边的盒子表征呈现某种特征的形容词，两者的射体整合构成合成结构。形容词表达的某种属性提供动词包含的结果的程度，细化其结果状态。

　　（二）汉语不及物结果句式的语义合成

　　（17）a. 公交车驶进了停车场。

　　　　　b. 那只鸟已经飞走了。

　　例（17）是表示自动位置移动的结果句式，该类型与（14）中的英语类型平行，所不同的只是表达变化位置的结语在形式上不太一样，在英语中采用介词短语或小品词［如 He has gone away（他已经走开了）］，而在汉语中往往用趋向动词短语或表示状态的动词或形容词表示。该类型的语义合成机制与图 7.19 所示的相同，在此从略。

　　（18）a. 孩子们走累了。

　　　　　b. 张三吃饱了。

　　本组不及物结果句式表达状态变化。图 7.22 表征（18）a 的语义合成。在第一个层面，左边的盒子表征不及物动词的语义结构，右边的盒子刻画一种状态，二者的射体整合在第二个层面构成构式图式，图式的意义是射体在所参与的过程中发生状态的变化。构式图式在第二个层面提供的详释位射体被名词短语"孩子们"（H）所详释，从而在第三个层面形成被图式所允准的具体句子。

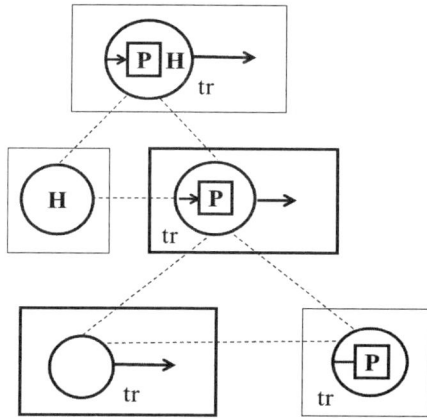

图7.22　（18）a 的语义合成

（19）a. 门推开了。

b. 油条炸好了。

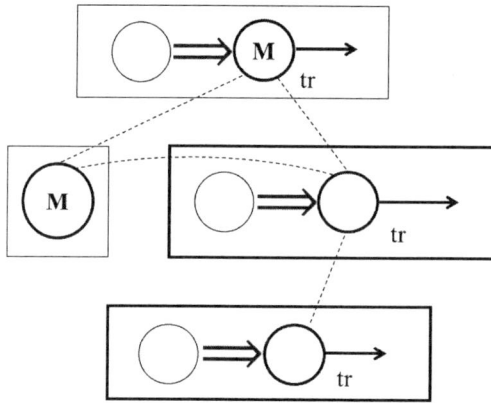

图7.23　（19）a 的语义合成

　　该类结果句式一般被称为受事主语句，有对应的及物形式（对比（10）中的类型）。在汉语中，存在这样的及物和不及物兼用的动结结构，它们广泛分布在及物结果句式、不及物结果句式、把字句和受事主语句之中，使得汉语呈现出鲜明的作格性。而英语的作格性主要体现在一些作格动词上，远没有汉语的动结结构广泛。在汉语中呈现作格性而在英语中找不到对应的合法结构的语言事实比比皆是，但反之则不然，如"李四推开了门/门推开了"，在英语中只能说 John pushed the door open（约翰推开了门/约翰把门推开了），而 The door pushed open 却不合法。虽然有待大规模语料统计的支持，母语的语感告诉我们，这种论断是站得住的。

(20) a. 坑挖浅了。

b. 鞋买贵了。

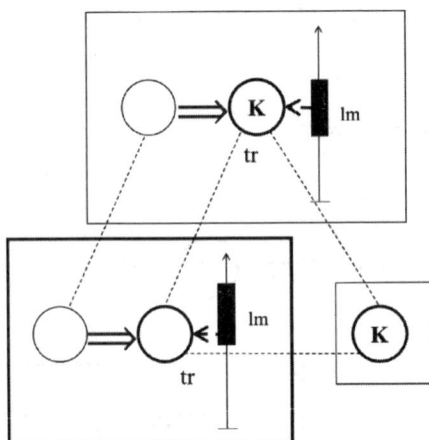

图 7.24 (20) a 的语义合成

例（20）中的句子属于评价类结果句式，动结结构中的结语表示为主观判断和评价的形容词。图 7.24 表示（20）a 的语义合成。在第一个层面，左边的盒子表示凸显决定体，是句子中心"挖浅"表征的低层级构式图式，图式中右边的竖轴上的黑柱限定的区域代表界标，是说话人根据某个标准确定的可以称之为"浅"的量级范围，句式的评价功能即源自这里。竖轴左边的黑色小圆代表射体，它是一个过程的界标，在当前情况下是一个行动链上的能量接受者，这里的能量源不显著，在语言编码中不显示，但能量传递相对显著，所以，与图中的射体都出现在语言结构中。右边的小圆表示"坑"（K），它的凸显与左图中的射体叠加，在第二个层面构成合成表达式的语义结构。

三、汉语特色结果句式的语义合成与解读

由于汉语特色结果句式语义建构图表征的复杂性和相对缺乏对比性，我们在这里暂时不做刻画，留待将来专门研究时再行细化。在下面的几个小节，我们直接做出必要性的描写，展示我们的基本思路。

（一）"把"字句的语义合成

（21）a. 妈妈把衣服洗干净了。
　　　 b. 李四把菜吃光了。

上面两例是典型的"把"字句，因为它们拥有以下特征：第一，主语是活动的施事；第二，把宾是活动的受事；第三，表达把宾经由活动之后所处的结果；第四，结果由形容词表达。我们以 a 句为例进行解读。

我们把"把"定义为掌控动词，从后面的动词和结语中衍生出句子中心，决定句子的结构布局。小句中心的结果为［把… VR］。在 a 句中，在掌控标示的关系中，"妈妈"是"射体"，"衣服"是界标；动结结构"洗干净"可以视为中心的一个成分结构，它在概念配价上提供一个射体详释位，与名词短语"衣服"的凸显构成对应关系，二者叠加构成"衣服洗干净了"，掌控关系中的"妈妈把衣服"与"衣服洗干净了"进一步整合，整合的条件在于两个成分结构里的"衣服"呈同一关系，二者合二为一，于是就形成了"妈妈把衣服洗干净了"这一合法的句子，凸显"衣服在妈妈的掌控下经历了洗的过程处于干净的结果状态"这一句式义。（详参牛保义，2008b；席留生，2015）

（22）a. 衣服把妈妈洗累了。

　　　　b. 那段山路把我的腿走酸了。

　　这两个例句不是典型的"把"字句，主语分别是受事和处所。关于语义整合的分析，道理同上。这里需要做一点进一步的说明。根据罗思明（2009：221），它们的主语都属于活动型致事。这种解读有其合理性和合情性。例如在（22）a中，不是衣服而是某个具体的洗衣服的活动致使妈妈累了，所以，"洗衣服把妈妈洗累了"完全合法。问题在于，既然活动为致事主语，为什么不直接用活动作主语呢？根据认知语法的象征观，形式不同，意义一定有别。我们的观点是，洗衣服的活动是作为"活跃区"出现在基体里的，没有在句子编码中显性化，它被背景化的目的是服务于"衣服"的前景化，成就它的掌控者角色。虽然没有显性化，但它的存在是这个句子成立的保证。

　　（二）"V 得"句的语义合成

（23）a. 小邹跑得气喘吁吁。

　　　　b. 李四批评得张三低下了头。

　　"V 得"句的句式中心是"V 得"。从认知语法的视角看，"得"作为一个象征单位，它的意义是为前面的主谓结构和后面的状态描写分别提供详释位，主要是一种概念连接功能，本身的词汇意义很单薄。为什么会有这种功能呢？原因在于"得"表明前面的主谓结构标示的过程达到了一定的程度，这种程度足以引起后面的结果，于是"得"后引出这种结果，有意思的是，后面这种结果是描写性或陈述性的，带有动态性（朱德熙，1982：134 – 137）。我们认为，这种结果的表达形式有时也带有明显的主观性。例如"洗得干干净净的"，补语"干干净净的"就带有说话人主观赋予的特征。

（三）"拷贝动词句"的语义合成

（24）a. 小杨写文章写累了。

　　　b. 老罗看报表看晕了。

拷贝动词句是结语指向主语时为引出动词宾语而采用的句子结构。它的中心表征为"V1… V2R"，V1 提供射体和界标，由主语和宾语名词分别予以详释，后面的 V2R 表示前面的过程引起的结果，从语义上看，该句式表现出明显的象似性：原因在前，结果在后。但是，从另一种象似性的表现看，两个 V 连用隐含了过度行为造成负面结果的意义。这一点已经从我们母语的语感和语料方面得到了证实。

（四）特色混合句式的语义合成

1. "把"字句 + "V 得"句

（25）a. 张三把李四追得直喘气。

　　　b. 那场球把李四看得很兴奋。

在这种混合式中，既有掌控义，又有因过程达到一定程度造成的由状态补语表达的结果。该句式的中心为［把… V 得］。以 a 为例。如果总体上将之视为一个"把"字句，语义的合成路径为："把"的掌控关系提供射体和界标详释位，依据对应关系与"张三"和"李四"分别叠加，构成合成结构"张三把李四"；中心里的成分"追"也提供一对射体和界标，由追者"张三"和被追者"李四"分别予以明确，整合为"张三追李四"，"张三把李四"与"张三追李四"作为较大的成分结构在新的层面整合，由于二者的射体和界标具有同一关系，所以能够分别合并，又由于动词"追"是"把"的一个语义次结构，在中心里位于被掌控者后面，于是就形成"张三把李四追"这一结构；接下来，中心预设的由"得"引出的结果"李四直喘气"在"得"提供的详释位决定下与"张三把李四追"整合，形成"张三把李四追得直喘气"。

如果将之视为一个"V 得"句，其整合路径刚好相反："得"提供的详释位射体和界标分别由"张三把李四追"和"李四直喘气"整合，形成全句。至于前件的整合过程，与上面的分析相同，故在此不再赘述。

需要回应的一点是，我们在前面讨论英语中副词结果句式的时候，提到该句式的主观性和与这里分析的混合句式的对应性。从汉语的认知理据来看，这种对应性取决于"把字句和 V 得句"混合式表现的鲜明主观性。"把"字句具有主观性（沈家煊，2002b；席留生，2015），根据以上的分析，"V 得"句也具有主观性，这决定了该混合句式显著的主观性。

2. 拷贝动词句 + "V 得"句

（26）a. 习先生做项目做得夜不能寐。

b. 小明学英语学得上了瘾。

拷贝动词句和"V 得"句构成的混合式既有强调动词①所标示的过程造成的结果，又有过程达到一定程度导致的可用状态补语表达的结果。如果在总体上视其为拷贝动词句，它们表现为由一个原因和一个结果构成的两个小句整合。如果将它们看成"V 得"句，在合成中则表现为由"得"提供的两个详释位分别被原因和结果结构所详释，从而得到构式图式的允准。

3. "把"字句 + 拷贝动词句

（27）a. 洗衣服把妈妈洗病了。

b. 炒概念股把他炒赔了。

---

① 这里的动词采用认知语法的广义动词说，包括任何凸显或标示过程的结构。

这种混合式的语义整合也可遵循殊途同归的两条路径：从拷贝句出发或者从"把"字句出发。这里不做展开，主要强调一点：该混合句式以过程主语为特色。对比（27）a 与（22）a，它们的平行性很明显，二者的不同在于，在（27）a 中的作为背景存在于基体的活跃区在这里被显性化，从基体走向了凸显，而（22）a 中的凸显成分在这里被包含在了过程主语里面，成了它的一部分。

4."把"字句 + "V 得"句 + 拷贝动词句

（28）a. 看电视剧把他看得茶饭不思。
　　　b. 洗衣服把妈妈洗得筋疲力尽。

该混合句式为三方混合，所以具有三种句式的特点。它的语义整合路径从理论上讲有六条。因为其不是我们分析的重点，在此从略。不过，其道理在前面的分析中都已经体现了。

第四节　小　结

针对英汉结果句式属于向心结构这一特点，本章从句式中心表征的构式图式和自主/依存模型出发，描写和分析了它们的语义合成机制。总的看来，句式中心相同的英汉结果句式在语义合成机制上表现一致；句式中心不同的英汉结果句式在合成机制方面表现互有不同。汉语的结果句式种类更为丰富，除了像英语一样具有及物和不及物的结构外，还包括"把"字句、"V 得"句、"拷贝动词"句，以及它们四种的混合式，这些特色句式类型的存在使得汉语相对英语拥有更强的主观性，因为特色句式都是标记性编码（marked coding）的结果，蕴含了更多的主观因素。

汉语的动结结构及物和不及物兼用的情况比较典型，这使得它们广泛分布于及物句、不及物句和"把"字句中。英语的及物和不及物兼用的作格动词因为结果内隐的原因，在出现于结果句式时需要后跟结果短语详解结果的程度，而对应的汉语则没有这种限制。这种差别显示出汉语相对英语拥有更为显著的作格性。

英汉结果句式表达的结果都包括客事的位置变化、状态变化和评价三类，分布在及物句、不及物句和汉语的特色结果句式里。在评价类结果句式中，英语只有一种类型，分布于及物结果句式，从它语义中的主观性和包含的认知方式来看，它在汉译时与汉语中"把字句和 V 得句"的混合类型更为接近。相比之下，汉语除了存在一种［VR］类型的不及物结果句式表评价外，"V 得"句式和"V 得"句与"把"字句的混合句式也可表示主观评价。所以，汉语结果句式中表达评价的手段更加丰富。

除此之外，英汉及物和不及物结果句式还有如下异同。

在及物结果句式中，它们的相同点主要表现在以下两个方面：第一，都存在中心为［VR］和［V… R］的类型，这决定了它们在语义整合机制上表现出某种程度的一致性。第二，都存在句式中心包含 V 为不及物动词但动结结构后可以跟宾语的情况，这决定了它们在语义合成机制方面的一致性和交叉性。当中心为分离式时，它们在语义合成机制上呈现交叉性，即都激活了边缘性的认知域参与进编码过程。当它们为黏合式时，它们的语义合成机制是一致的：V 与 R 直接整合形成具有及物性的构式图式，使得后面能跟宾语。

英汉及物结果句式的不同点也可以归结为两个方面：第一，句式中心虽然都主要包含分离式［V… R］和黏合式［VR］两种形式，但在两种语言中的分布不同。在英语中，分离式是大众，黏合式是小众；而在汉语中，黏合式是主流，分离式是非主流，主要体现在位置变化的及物性结果句式之中。这种差别导致它们在语义合成路径上的差别：英语的构式图式多先与宾语结合，汉语的则多先与结语结合。在这一点上，英语体现严格的象似性，而汉语体现出强调因果联系从而把二者融为一体的特点。第二，英语及物结果句式包含了更多的种类，比较突出的是存在两种汉语中没有的类型。一种是包含及物性作格动词的结果句式后跟结果短语详解结果程度的类型；另一种是包含反身代词宾语的类型。它们都呈现出自己特有的语义合成机制。

英汉不及物结果句式的相同点主要表现在以下两个方面：第一，自动位移类都采用以［VR］为中心的类型，V 为运动动词，R 表位置变化。第二，隐现类的结构具有平行性。两个方面的相同点都呈现出无标记编码的特征，反映出明显的象似性。二者的不同也主要表现在两个方面：第一，英语作格动词的不及物形式出现在结果句式时后面要跟结果短语，而汉语没有对应的表达。这一点与对应的及物性结果句式一致。第二，汉语的动结结构出现在被称为受事主语句的情况非常普遍，而英语则限于作格动词。

第八章

结　论

本研究以认知语法为理论视角，以英汉结果句式为研究对象，在前贤时彦相关研究的基础之上，主要采用思辨的研究方法，提出对这两个句式家族进行对比研究的适切框架，旨在揭示它们的认知语法系统之异同。

研究主要围绕三个问题展开：①英汉结果句式的句式中心是什么？②英汉结果句式的功能动因是什么？③英汉结果句式的语义内容是什么，它们的合成机制如何？

第一节　主要发现和研究意义

一、主要发现

第一，从认知语法的象征观和基于使用的模型出发，针对英汉结果句式的特点，提出了复杂中心象征模型，为英汉结果句式的对比研究提供了统一的分析和描写框架。该模型包括四个主要观点：第一，英汉结果句式的结构是因果事件独特的象征化表征，动因是说话人显明或强调行为结果的表达意图。第二，英汉结果句式都是向心结构，中心成分是动词和结果短语构成的动词复杂体。第三，英汉结果句式所编码的事件类型是由某些认知域构成的概念内容的集中体现。第四，英汉结果句式的结构异同是两类句式在语义合成机制方面异同的表现。

第二，英语及物结果句式中心的格局以分离式［V…R］为主，以黏合式［VR］为辅；汉语及物结果句式的中心以黏合式［VR］为主，以分离式［V … R …］为辅。英语和汉语不及物结果句式的中心都呈黏合形式［VR］。

汉语中三种有特色的结果句式的中心各有其特色。"把"字句的中心为［把 … VR］，"把"为半图式性掌控动词，其作用是与 VR 一起派生出复杂句式中心。拷贝动词句中心的格局为［V1 … V2R］。"V 得"句中心的格局即［V 得］。

第三，英汉结果句式的功能动因主要包括五种：第一，表达必不可少的事件结果；第二，明确事件的结果；第三，强调事件的结果；第四，使用非典型事件参加者表达事件结果；第五，给出评价性的结果。在英汉结果句式中，"明确事件的结果"和"强调事件的结果"这两个功能动因占主导地位。

在"表达必不可少的事件结果"时，英语中由于一些动词语义上有要求，成分一定要完整，必须要把结果表达出来。而汉语则较为灵活，如在英语中，I put a book 不可接受，而汉语的"我放书"也是可以接受的句子。

在"明确事件的结果"时，英语主要通过添加形容词实现。这同样也是汉语的重要实现手段。

在"强调事件的结果"时，英语可通过添加介词短语或形容词实现。汉语则可通过双宾句式以及"V 得"句等特殊句式实现。

在"使用非典型事件参加者表示事件结果"时，结果一般是负面或意外的，原因在于动词所表征的行为过度。在英语中，主要采用带反身代词宾语的结果句式来实现；而在汉语中，我们要采用动词拷贝句来表达。

在"给出评价性结果"时，英语主要采用副词结果句式来表达；

而汉语则主要通过不及物结果句式中的形容词完成对动词所表征动作的评价。

第四，英汉结果句式的核心认知域有致使性（causality）、有界性（telicity）和受影响性（affectedness），次核心认知域是自主性（volitionality），不太相关的认知域则有瞬时性（punctuality）和方式性（manner）。

英汉结果句式事件结构的差异主要体现在致使性和有界性两个核心认知域上。英汉语致使性的差别主要体现在形态和词汇结构上。在有界性上，英语中一些词本身带有结果，即有界；如果没有，结果补语或结果句式本身也会赋予有界性。而汉语的有界性则主要通过"结语＋了"来体现。

第五，句式中心相同的英汉结果句式在语义合成机制上表现一致；句式中心不同的英汉结果句式在合成机制方面表现各不相同。汉语在结果句式上相对英语表现出更强的主观性和更为显著的作格性；汉语结果句式中表达评价的手段更加丰富。

在及物结果句式中，它们的相同点主要表现在以下两个方面：第一，都存在中心为［VR］和［V … R］的类型，这决定了它们在语义整合机制上表现出某种程度的一致性。第二，都存在句式中心包含 V 为不及物动词但动结结构可以跟宾语的情况，这决定了它们在语义合成机制方面的一致性和交叉性。当中心为分离式时，它们在语义合成机制上呈现交叉性，即都激活了边缘性的认知域参与进编码过程。当它们为黏合式时，它们的语义合成机制是一致的：V 与 R 直接整合形成具有及物特性的构式图式，使得后面能跟宾语。不同点也包含两个方面：第一，句式中心虽然都主要包含分离式［V … R］和黏合式［VR］两种形式，但在两种语言中的分布不同。在英语中，分离式是大众，黏合式是小众；而在汉语中，黏合式是主流，分离式是非主流，主要体现在位置变化的及物性结果句式之中。这种差别导致它们在语义合成路径上的差别：英语的构式图式多先与宾语结合，汉语的则多先与结语结合。在这一点上，英语体现严格的象似性，而汉语体现出强调因果联系从而把二者融为一体的特点。第二，英语及物结果句式包含了更多的种类，比较突出的是存在两种汉语中没有的类型。一种是包含及物性作格动词的结果句式后面跟结果短语详解结果程度的类型；另一种是包含反身代词宾语的类型。它们都呈现出自己特有的语义合成机制。

在不及物结果句式上，二者主要存在以下两个方面的相同点：第一，自动位移类都采用以［VR］为中心的类型，V 为运动动词，R 表位置变化。第二，隐现类的结构具有平行性。两个方面的相同点都呈现出无标记编码的特征，反映出明显的象似性。二者相异的主要方面是：第一，英语作格动词的不及物形式出现在结果句式时后面要跟结果短语，而汉语没有对应的表达。这一点与对应的及物性结果句式一致。第二，汉语的动结结构出现在被称为受事主语句的情况非常普遍，而英语则多限于作格动词。

二、研究意义

理论意义：通过本研究建立的对比理论框架，对英汉结果句式及其异同做出统一描述和解释，不仅可以扩展认知语法的分析空间，而且可以进一步完善该理论在句法研究方面的不足，增强认知语法的可操作性。在目前的认知语法研究中，相对于对名词性短语的分析，对句子结构的分析比较模糊，本研究追求在认知合理性的基础上为句式研究提供一个清晰的研究路向，有助于推动认知语法的发展。

应用价值：本研究追求句式所表述的不同层次的概念结构的精细化，有助于认知语法在语言理解方面的应用；研究句式的事件结构和概念化，可以揭示句式反映出来的人们认识世界的方式，有助于英汉结果句式的习得、互译以及翻译评价。

第二节 研究局限和展望

一、局限

本研究的局限可以概括为以下五个方面：

第一，涉及的句式次类较多，在语料的扩展、分类的精细性和合理性方面尚有提升空间。

第二，各类结果句式的事件内容（含动词）和它们对编码的制约有待进一步探讨。

第三，分析有待进一步深化。因为对比主要着眼于两种语言系统在结果句式结构类型上的异同，所以对每个子类的探讨有待进一步深入。

第四，研究以定性为主，有待加强定量佐证。

第五，有待更多语言和语言变体的参照和互证。

二、展望

在研究局限的基础上，我们认为，在后续的研究中，以下五个问题值得进一步探讨：

第一，认知语言学是一种理论范式，包含多种理论变体。变体之间同中有异，异中有同。如何在互参多种理论分支的基础上构建出一个适合句式和句式对比研究的综合性理论框架？

第二，英汉结果句式中的每种类型都是复杂范畴。如何从认知语法的图式范畴观出发为它们分别刻画出对应的图式性网络，以达到对每种类型的深入理解？

第三，不管是在英语的结果句式还是在包含黏合式动结结构的汉语结果句式中，表示状态变化的形容词都是不能用程度副词修饰的，这种表现与状态形容词相平行。那么，在汉语结果句式中，黏合式动结结构中用性质形容词表达的结果与组合式动结结构中包含的用状态形容词表达的状态结果的本质区别是什么？英语中副词结果句式可以很自然地翻译成汉语中包含"V 得"或包含"把"的"V 得"句［如 She fixed the car perfectly/（她把车修得完美无缺）］，那么，英语中的副词表结果与汉语中的状态补语之间的关系的实质是什么？更进一步来说，英语中副词修饰名词的情况是否可以扩展到副词结果句式中的副词？汉语中是否存在对应的或平行的现象？

第四，汉语特色结果句式（和其他特色句式）所代表的编码策略系统和认知动因分别是什么？二者的互动关系如何？

第五，认知语言学家在语言研究中持弱预测和强解释的观点，与这种观点相关的是认知语言学在形式化方面相对弱势的表现（虽然认知语言学也多用图示），如何在句子研究（包括单语内的和包括英汉结果句式对比研究在内的语言对比研究）中提高研究的形式化水平？是否可以在预测和解释之间建立一种平衡？如果可以，那么，如何建立？最优的平衡应该是一种什么样的平衡？

参考文献

[1] BENDER E. The Syntax of Mandarin BA: Reconsidering the Verbal Analysis [J]. Journal of East Asian Linguistics, 2000 (9): 105 – 145.

[2] BOAS H C. Resultitives at the Crossroads between the Lexicon and Syntax: Where are They Formed? [A]. Proceedings of the Western Conference on Linguistics (WECOL 1999) [C], 2000, 11: 38 – 52.

[3] BOAS H C. A Constructional Approach to Resultatives [M]. Standford: CSLI Press, 2003.

[4] BOAS H C. Contrastive Studies in Construction Grammar [M]. Amsterdam/Philadelphia: John Benjamins Publishing Company, 2010.

[5] BOLINGER D. The Phrasal Verb in English [M]. Cambridge: Harvard University Press, 1971.

[6] BOWERS J. A Binary Branching Analysis of Resultatives [A]. // BLIGT C, MOOALLY M J. Proceedings of the 1997 Texas Linguistics Society Conference, The Syntax and Semantics of Predication [C]. Austin: University of Texas at Austin (Linguistics Department), 1997: 43 – 58.

[7] BROCCIAS C. The Cognitive Basis of Adjectival and Adverbial Resultative Constructions [J]. Annual Review of Cognitive Linguistics, 2004 (2): 103 – 126.

[8] CARRIER J and RANDALL J H. The Argument Structure and Syntactic Structure of Resultitives [J]. Linguistic Inquiry, 1992 (23): 173 –

234.

[9] CHAO Y R. A Grammar of Spoken Chinese [M]. Peking: The Commercial Press, 1968/2004.

[10] COOK V. Linguistics and Second Language Acquisition [M]. New York: St. Martin's Press, 1993.

[11] COMRIE B. Aspect [M]. Cambridge: Cambridge University Press, 1976.

[12] CROFT W. Radical Construction Grammar [M]. Oxford: Oxford University Press, 2001.

[13] CROFT W, CRUSE A. Cognitive Linguistics [M]. Cambridge: Cambridge University Press, 2004.

[14] FILLMORE C. The Case for Case Reopened [A]. // COLE P, SADOCK J M. Syntax and Semantics. vol. 8: Grammatical Relations [C]. New York: Academic Press, 1977: 59 – 81.

[15] FILLMORE C. Frame Semantics [A]. // Linguistic Society of Korea. Linguistics in the Morning Calm [C]. Seoul: Hanshin, 1982: 111 – 138.

[16] FILLMORE C J. The Mechanisms of "Construction Grammar" [J]. BLS, 1988 (14): 35 – 55.

[17] FILLMORE C, KAY P, CONNOR M. Regularity an Idiomaticity in Grammatical Constructions: The case of LET ALONE [J]. Language, 1988, 64 (3): 501 – 538.

[18] GOLDBERG A E. Constructions: A Construction Grammar Approach to Argument Structure [M]. Chicago: University of Chicago Press, 1995.

[19] GOLDBERG A E. Constructions: A New Theoretical Approach to Language [J]. Journal of Foreign Languages, 2003, 26 (3), 1 – 11.

[20] GOLDBERG A E. Argument Realization: The Role of Construc-

tions, Lexical Semantics and Discourse Factors [A] .// Östman J and FRIED M. Construction Grammars: Cognitive Grounding and Theoretical Extensions [C] . Amsterdam: John Benjamins, 2005: 17 – 43.

[21] GOLDBERG A E. Constructions at Work: The Nature of Generalization in Language [M] . Oxford: Oxford University Press, 2006.

[22] GOLDBERG A E, JACKENDOFF R. The English Resultative as a Family of Constructions [J] . Language, 2004, 80 (3): 532 – 568.

[23] GRIMSHAW J. Semantics Content and Semantics Structure [M]. Manuscript, Rutgers University, New Brunswick, New Jersey, 1994.

[24] GROPEN J, PINKER S, HOLLANDER M, GOLDBERG R. Affectedness and Direct Object: the role of lexical semantics in the acquisition of verb argument structure [A] .// LEVIN B, PINKER S. Lexical and Conceptual Semantics [C] . Oxford: Blackwell, 1991: 153 – 195.

[25] HAIMAN J. Natural Syntax: Iconicity and Erosion [M]. Cambridge: Cambridge University Press, 1985.

[26] HOEKSTRA T. Small Clause Result [J] . Lingua 74: 101 – 39.

[27] HUANG J C T, LI A Y H, LI Y. Composite Event Structure and Complex Predicates: A template – based approach to argument selection. [A] // Proceedings of the Third Annual Meeting of the Formal Linguistics Society of Mid – America [C] . Bloomington, Indiana: Indiana University Linguistics Club, 2009: 90 – 108.

[28] HUDDLESTON R, PULLUM G K. A Student's Introduction to English Grammar [M] . Cambridge: Cambridge University Press, 2005.

[29] IWATA S. Locative Alternation and Two Levels of Verb Meaning [J] . Cognitive Linguistics, 2005, 16 (2): 355 – 407.

[30] JACKENDOFF R. Twistin the Night Away [J] . Language, 1997, 73 (3): 534 – 559.

[31] KAY P, FILLMORE C. Grammatical Constructions and Linguistic

Generalizations: The What's X Doing Y? Construction [J] . Language, 1999, 75 (1): 1 –33.

[32] LAKOFF G. Women, Fire, and Dangerous Things: What Categories Reveal about the Mind [M] . Chicago: University of Chicago Press, 1987.

[33] LAKOFF G. Sorry, I'm Not Myself Today: The Metaphor system for conceptualizing the self [A] //FAUCONNIER G, SWEETSER E. Space, Worlds, and Grammar [C] . Chicago: University of Chicago Press, 1996: 91 –123.

[34] LANGACKER R W. Space Grammar, Analyzability, and the English Passive [J] . Language, 1982, 58 (1): 22 –80.

[35] LANGACKER R W. An Introduction to Cognitive Grammar [J]. Cognitive Science, 1986, (10): 1 –40.

[36] LANGACKER R W. Foundations of Cognitive Grammar (Vol. I): Theoretical Prerequisites [M] . Stanford: Stanford University Press, 1987a.

[37] LANGACKER R W. Nouns and Verbs [J] . Language, 1987b, 63 (1): 53 –94.

[38] LANGACKER R W. An Overview of Cognitive Grammar [A]. // BRYGIDA R. Topics in Cognitive Linguistics [C] . Amsterdam and Philadelphia: John Benjamins, 1988a: 3 –48.

[39] LANGACKER R W. A View of Linguistic Semantics [A]. Topics in Cognitive Linguistics [C] . Amsterdam and Philadelphia: John Benjamins, 1988b: 49 –90.

[40] LANGACKER R W. The Nature of Grammatical Valence [A]. Topics in Cognitive Linguistics [C] . Amsterdam and Philadelphia: John Benjamins, 1988c: 91 –125.

[41] LANGACKER R W. A Usage – based Model [A] . Topics in

Cognitive Linguistics [C] . Amsterdam and Philadelphia: John Benjamins, 1988d: 127 – 161.

[42] LANGACKER R W. Concept, Image, and Symbol – The Cognitive Basis of Grammar [M] . Berlin and New York: Mouton de Gruyter, 1990.

[43] LANGACKER R W. Foundations of Cognitive Grammar (Vol. II): Descriptive Application [M] . Stanford: Stanford University Press, 1991.

[44] LANGACKER R W. Reference – point Constructions [J]. Cognitive Linguistics, 1993a, 4 (1): 1 – 38.

[45] LANGACKER R W. Grammatical Traces of some "invisible" Semantic Constructs [J] . Language Science, 1993b, 15 (4): 323 – 255.

[46] LANGACKER R W. Symbolization, Conceptualization and Grammar [A] .// TOMASELLO M. The New Psychology of Language [C]. Mahwah, N. J. : Lawrence Erlbum, 1998: 1 – 39.

[47] LANGACKER R W. Grammar and Conceptualization [M]. Berlin and New York: Mouton, 1999.

[48] LANGACKER R W. Constructions in Cognitive Grammar [J]. English Linguistics, 2003, 20 (1), 41 – 83.

[49] LANGACKER R W. Integration, Grammaticization, and Constructional Meaning [A] .// FRIED M and BOAS H C. Grammatical Constructions: Back to the Roots [C] . Amsterdam and Philadelphia: John Benjamins, 2005a: 157 – 189.

[50] LANGACKER R W. Construction Grammars: Cognitive, Radical, and Less So [A] .// In Ruiz de MENDOZA Ibá ñez F J and CERVEL M S. Cognitive Linguistics: Internal Dynamics and Interdisciplinary Interaction [C] . Berlin and New York: Mouton, 2005b: 101 – 159.

[51] LANGACKER R W. Cognitive Grammar —A Basic Introduction

［M］. Oxford: Oxford University Press, 2008.

［52］ LANGACKER R W. Constructious and Constructional Meaning ［A］.//EVANS V, POURCEL S. New Directions in Cognitine Linguistics ［C］. Amsterdam and Philadelphia: John Benjamins Pullishing Company, 2009: 221 - 267.

［53］ LANGACKER R W. Cognitive Grammar ［A］.//HEINE B, NARROG H. Linguistic Analysis ［C］. Oxford: Oxford University Press, 2010: 87 - 109.

［54］ LANGACKER R W. Essentials of Cognitive Grammar ［M］. Oxford: Oxford University Press, 2013.

［55］ LANGACKER R W. Readings in Cognitive Grammar ［M］. Shanghai: Shanghai Foreign Language Education Press, 2017.

［56］ LEVIN B. English Verb Classes and Alternations ［M］. Chicago: University of Chicago Press, 1993.

［57］ LEVIN B, RAPPAPORT HOVAV M. Unaccusativity ［M］. Cambridge, MA: MIT Press, 1995.

［58］ LI C, THOMPSON S. Mandarin Chinese: A Functional Reference Grammar ［M］. Cambridge: University of California Press, 1981.

［59］ LI D Y. Causative and Resultative Constructions in Mandarin Chinese ［M］. Sweden: Goteborg University, 2003.

［60］ LI Y F. On V – V Compounds in Chinese ［J］. Natural Language and Linguistics Theory, 1990 (8): 177 - 207.

［61］ MOHANAN T & MOHANAN K P. On Representations in Grammatical Semantics ［A］.// MOHANAN T. WEE L. Grammatical Semantics: Evidemte for Structure in Meanikg ［C］. Stanford: CSLI Publications, 1999: 23 - 75.

［62］ MURAO H. Cognitive Domains and Prototypes in Constructions ［M］. Tokyo: Kurosio Publishers, 2009.

[63] NAPOLI D J. Resultatives [A] .// BROWN K and MILLER J. Concise Encyclopedia of Grammatical Categories [M] . Amsterdam: Elsevier, 1999: 324 – 329.

[64] PINKER S. Learnability and Cognition: The Acquisition of Argument Structure [M] . Cambridge, MA: MIT Press, 1989.

[65] QUIRK R, GREENBAUM S, LEECH G, STARTVIK J. A Comprehensive Grammar of the English Language [M] . Longman, 1985.

[66] RAPPAPORT HOVAV M, LEVIN B. Building Verb Meanings [A] .// BUTT M and GEUDER W. The Projection of Arguments [C]. Standford: CSLI Publications, 1998: 97 – 134.

[67] RAPPAPORT HOVAV M, LEVIN B. An Event Structure Account of English Resultatives [J] . Language, 2001, 77 (4): 766 – 797.

[68] SAUSSURE F. Course in General Linguistics [M] . Peking: Foreign Language Teaching and Research Press, 2003.

[69] SIMPSON J. Resultatives [A] .// LEVIN B, PAPPAPORT HOVAV M, ZAENEN A. Papers in Lexical – Functional Grammar [C]. Bloomington: Indiana University Linguistics Club, 1983: 143 – 157.

[70] SMITH C. The Parameter of Aspect [M] . Dordrecht: Kluwer, 1991.

[71] SUN C F. Ba Construction in Chinese [A] . Paper presented at Stanford Chinese Linguistics Colloquium. MS, Standford University, 1991.

[72] SYBESMA R. The Mandarian VP [M] . Dordrecht, the Netherlands: Kluwer Academic Publishers, 1999.

[73] TALMY L. Lexicalization Patterns: Semantic Structure in Lexical Forms [A] .// SHOPEN T. Language Typology and Syntactic Description [C] . Cambridge: Cambridge University Press, 1985: 57 – 147.

[74] TALMY L. Force Dynamics in Language and Cognition [J] . Cognitive Science, 1988 (12): 49 – 100.

［75］TALMY L. Toward a Cognitive Semantics（Vol. I，II）［M］. Cambridge，Mass：The MIT Press，2000.

［76］TAI，James H – Y. Relevent Categorical Distinctions in Chinese ［C］.// TUITE K，SCHNEIDER R，CHAMETZKY R. Papers from the Eighteenth Regional Meeting，Chicago Linguistic Society，1982：495 – 505.

［77］TAYLOR J. Cognitive Grammar［M］. Oxford：Oxford University Press，2002.

［78］TENNY C. Aspectual Roles and the Syntax – Semantics Interface ［M］. Dordrecht：Kluwer Academic Publishers，1994.

［79］VENDLER Z. Linguistics in Philosophy［M］. Ithaca：Cornell University Press，1967.

［80］WILLIAMS E. Small Clauses in English［A］. KIMBALL J P. Syntax and Semantics（Vol. 4）［M］. Orlando：Academic Press，1975：249 – 73.

［81］WILLIAMS E. Predication［J］. Linguistic Inquiry，1980 （11）：203 – 238.

［82］WINKLER S. Focus and Secondary Predication［M］. Berlin：Mouton de Gruyter，1997.

［83］WUNDERLICH D. Cause and the Structure of Verbs［J］. Linguistic Inquiry，1997（28）：27 – 68.

［84］ZHANG R. Symbolic Flexibility and Argument Structure Variation ［J］. Linguistics，2006，44（4）：689 – 720.

［85］ZOU K. The Syntax of the Chinese Ba Construction［J］. Linguistics，1993，31（4）：715 – 736.

［86］曹广顺，遇笑容. 中古汉语语法史研究［M］. 成都：巴蜀书社，2006.

［87］陈平. 试论汉语中三种句子成分与语义成分的配位原则 ［J］. 中国语文，1994（3）：161 – 168.

［88］陈易. 英汉动结式中"V + R -（AP 双）"组配模式对比研

究［D］．宁波大学硕士学位论文，2012.

　　［89］董秀芳．从词汇化的角度看黏合式动补结构的性质［J］．语言科学，2007（1）：40－47.

　　［90］邓云华，石毓智．论构式语法理论的进步与局限［J］．外语教学与研究，2007（5）：325－330.

　　［91］丁声树．现代汉语语法讲话［M］．北京：商务印书馆，2004.

　　［92］范晓．动词的配价与汉语的把字句［J］．中国语文，2001（4）：309－319.

　　［93］冯胜利．汉语韵律语法研究［M］．北京：北京大学出版社，2005.

　　［94］郭锐．现代汉语配价语法研究［M］．北京：北京大学出版社，1995.

　　［95］郭锐．现代汉语语法信息词典详解［M］．北京：清华大学出版社，2003.

　　［96］何玲．英汉动结构式增效对比研究［D］．复旦大学博士论文，2013.

　　［97］黄伯荣，廖序东．现代汉语［M］．北京：高等教育出版社，1997.

　　［98］何伟，王敏辰．英汉语小句结构对比研究［J］．上海交通大学学报（哲学社会科学版），2019，27（3）：116－137.

　　［99］李临定．现代汉语句型［M］．北京：商务印书馆，2011.

　　［100］李曙华．当代科学的规范转换［J］．哲学研究，2006（11）：89－94.

　　［101］刘辰诞．结构与边界——句法表达式认知基础探索［M］．上海：上海外语教育出版社，2008.

　　［102］吕叔湘．"把"字用法研究［M］．//汉语语法论文集（增订本）．北京：商务印书馆，1955/1984：177－199.

［103］吕叔湘．现代汉语八百词［M］．北京：商务印书馆，2006.

［104］罗思明．英汉动结式的认知功能分析［M］．北京：中国社会科学出版社，2009.

［105］罗思明，王文斌，洪明．英汉结果构式RAP制约的语料库与类型学研究［J］．外语教学与研究，2010，42（4）：268－274.

［106］孟琮等．汉语动词用法词典［M］．北京：商务印书馆，1999.

［107］马贝加．近代汉语介词［M］．北京：中华书局，2002.

［108］马真，陆俭明．形容词作结果补语情况考察［J］．汉语学习，1997（1）：3－7.

［109］马真，陆俭明．形容词作结果补语情况考察［J］．汉语学习，1997（4）：14－18.

［110］马真，陆俭明．形容词作结果补语情况考察［J］．汉语学习，1997（6）：7－9.

［111］梅祖麟．唐宋处置式的来源［J］．中国语文，1990（3）：191－206.

［112］梅祖麟．从汉语的"动、杀""动、死"来看动补结构的发展——兼论中古时期起词的施受关系的中立化［A］.// 语言学论丛（16）［C］．北京：商务印书馆，1991：112－136.

［113］牛保义．认知语言学理论与实践［M］．开封：河南大学出版社，2007.

［114］牛保义．自主/依存联结——认知语法的一种分析模型［J］．外语与外语教学，2008a（1）：1－5.

［115］牛保义．"把"字句语义结构的动因研究［J］．现代外语，2008b（2）：121－130.

［116］牛保义．构式语法理论研究［M］．上海：上海外语教育出版社，2011a.

［117］牛保义．新自主/依存联结分析模型的建构与应用［J］．现

代外语，2011b（3）：230－236.

[118] 彭国珍. 英汉结果补语结构中补语形容词的差异 [J]. 语言教学与研究，2007（3）：48－55.

[119] 屈承熹，纪宗仁. 汉语认知功能语法 [M]. 哈尔滨：黑龙江人民出版社，2005.

[120] 任鹰. 现代汉语非受事宾语句研究 [M]. 北京：社会科学文献出版社，2005.

[121] 邵敬敏. 现代汉语通论 [M]. 上海：上海教育出版社，2007.

[122] 沈家煊."有界"与"无界" [J]. 中国语文，1995（5）：367－380.

[123] 沈家煊. 语法化和形义间的扭曲关系 [A] // 著名中年语言学家自选集·沈家煊卷 [C]. 合肥：安徽教育出版社，2002a：228－240.

[124] 沈家煊. 如何处置"处置式" [J]. 中国语文 2002（5）：387－399.

[125] 沈家煊. 再谈"有界"与"无界" [A] //语言学论丛（30）[C]. 北京：商务印书馆，2004：40－54.

[126] 沈家煊."逻辑先后"与"历史先后" [J]. 外国语，2008（5）：91－92.

[127] 沈家煊. 怎样对比才有说服力——以英汉名动对比为例 [J]. 现代外语，2012（1）：1－13.

[128] 施春宏."把"字句的派生过程及其相关问题 [A] // 语法研究和探索（十三）[C]. 北京：商务印书馆，2006：49－70.

[129] 施春宏. 汉语动结式的句法语义研究 [M]. 北京：北京语言大学出版社，2008.

[130] 石毓智. 语法的规律和例外 [J]. 语言科学，2003（3）：13－22.

［131］石毓智. 语法的概念基础［M］. 上海：上海外语教育出版社，2006.

［132］石毓智. 构式与规则——英汉动补结构的语法共性［J］. 外国语言与文化，2018（2）：128 – 138.

［133］束定芳. 认知语言学研究方法［M］. 上海：上海外语教育出版社，2013.

［134］宋文辉. 再论现代汉语动结式的句法核心［J］. 现代外语，2004，27（2）：163 – 172.

［135］宋文辉. 现代汉语动结式的认知研究［M］. 北京：北京大学出版社，2007.

［136］宋玉柱. 现代汉语语法论集［M］. 天津：天津教育出版社，1981/1996.

［137］王红旗. 现代汉语配价语法研究［M］. 北京：北京大学出版社，1995.

［138］王还. "把"字句和"被"字句［M］. 上海：上海教育出版社，1984.

［139］王力. 中国现代语法［M］. 北京：商务印书馆，1943/1985.

［140］王力. 汉语语法史［M］. 北京：商务印书馆，2005.

［141］王文斌，罗思明，刘晓林，于善志. 英汉作格动词语义、句法及其界面比较［J］. 外语教学与研究，2009（3）：193 – 201.

［142］王寅. 事件域模型的认知分析与解释力［J］. 现代外语，2005（1）：17 – 26.

［143］王寅. 动结构式的体验性事件结构分析［J］. 外语教学与研究，2009（5）：345 – 350.

［144］王寅. 构式语法研究（上卷）：理论思索［M］. 上海：上海外语教育出版社，2011a.

［145］王寅. 构式语法研究（下卷）：分析应用［M］. 上海：上

海外语教育出版社，2011b.

［146］魏薇，黄志芳. 汉语动结式共时研究综述［J］. 东华理工大学学报（社会科学版），2017，36（02）：155－159＋177.

［147］席留生."把"字句的认知语法研究［M］. 北京：高等教育出版社，2015.

［148］熊学亮. 复合结构增效现象试析［J］. 外语教学与研究，2008，40（05）：332－338＋400.

［149］熊学亮. 增效构式与非增效构式——从 Goldberg 的两个定义说起［J］. 外语教学与研究，2009，41（05）：323－328＋400.

［150］熊仲儒. 现代汉语中的致使句式［M］. 合肥：安徽大学出版社，2003/2004.

［151］许余龙. 语言对比研究是否需要一个理论框架［J］. 宁波大学学报（人文科学版），2009（4）：32－38.

［152］殷红伶. 英汉动结式语义结构研究［M］. 南京：东南大学出版社，2011.

［153］袁毓林. 汉语动词的配价研究［M］. 南昌：江西教育出版社，1998.

［154］袁毓林. 述结式的结构和意义的不平衡性［A］. // 史有为. 从语义信息到类型比较［C］. 北京：北京语言文化大学出版社，2001：98－117.

［155］袁毓林. 汉语配价语法研究［M］. 北京：商务印书馆，2010.

［156］张韧. 认知语法视野下的构式研究［J］. 外语研究，2007（3）：35－40.

［157］张莘宜. 英汉动结式的类型学研究［D］. 湖南师范大学硕士学位论文，2012.

［158］赵元任. 赵元任语言学论文集［M］. 北京：商务印书馆，2002.

［159］赵元任. 汉语口语语法［M］. 吕叔湘, 译. 北京: 商务印书馆, 1979.

［160］朱德熙. 语法讲义［M］. 北京: 商务印书馆, 1982.

［161］中国社会科学院语言研究所词典编辑室. 现代汉语词典（增订本）［Z］. 北京: 商务印书馆, 2002.

后　记

　　这本书在我主持的国家社科基金项目结项成果的基础上修改而成，是我出版的第二本专著。这两本书都是研究句子的，它们记录了我从认知的视角开展英汉语句子研究的轨迹，虽然不那么平坦，不那么修直，但足迹却是清晰可见的。

　　时间过得好快，从我开始读研，"误入"语言学研究的百花园，倏忽之间，已经廿年有半。身处其间，起于懵懂，经由依稀能见，到能够看得比较清楚，到有一定的学术眼光，离不开众多师友的教导和帮助。每念及此，我脑海中便会油然浮现出长长的一串名字：河南大学牛保义教授，张克定教授，麻保金教授，徐盛桓教授，刘辰诞教授，徐有志教授，刘光耀教授，王宝童教授，杨莉藜教授，翟世钊教授，李香玲教授，张宝胜教授；四川外国语大学王寅教授；陕西师范大学大学张韧教授；广西民族大学覃修桂教授；北京师范大学苗兴伟教授；上海外国语大学许余龙教授；北京外国语大学王文斌教授；广东外语外贸大学黄忠廉教授，霍永寿教授；温州商学院杨全红教授；上海交通大学王振华教授；宁波大学于善志教授；信阳师范学院蔡满园教授；云南师范大学李德鹏教授；上海大学尚新教授；澳门大学徐杰教授；加利福尼亚大学圣地亚哥分校 R. W. Langacker 教授；得克萨斯大学奥斯汀分校 Hans Boas 教授；马里兰大学 Michael Israel 教授，Howard Lasnik 教授，Peter 博士，邹金旺博士。还有此处恕不能一一列出的在我前进的道路上给我帮助给我勇气的同事、师友和亲人。在此，向你们献上我诚挚的感谢！

在项目研究过程中，我的妻子几乎承担了所有的家务，保证了我有较多的时间心无旁骛。在我遇到困难的时候，我的家人给了我始终如一的支持，使我能够一次次走出柳岸，迎来花明。在结项的最后阶段，我的儿子和我的研究生黄春迎、傅宏杰、陈玉梅、胡佳佳四位同学给我提供了及时的帮助，在此向她（他）们表示由衷的感谢。

我要特别感谢著名语言学家、广东外语外贸大学钱冠连教授。钱先生学贯中西，德高望重，是我极为敬重的学者之一。先生不仅在我们的日常交往中对我指导和鼓励良多，而且在书成后以八秩有三的高龄慨允作序。在此，撷取我们交往中的和诗一首，以表达我的感恩和祝福。

走朝日
——和冠连先生
2020 年 9 月 4 日

光阴如水说荏苒，
朝日相迎独依然。
研学之路多丰盛，
桃李芬芳无言间。
事事熠熠固生辉，
道德身性涵泳间。
大步碎走各千秋，
智慧人生皆盛年。

文思秦汉，学望融通。每位学者心中都有一个融通之梦。遗憾的是，出于各种各样的原因，能够梦想成真的不在多数。对于一项具体的研究，情况也是这样，每个人心中都有一个精致精良的学术追求，但出于各种各样的原因，并非总能够善始克终。学术成果就其本性来说，不完备性是它的恒常特征，因为任何一项研究获得的真理，都只能是阶段性真理、相对真理和局部真理。

在很大程度上，人生的意义在于奋斗本身，与此同时，我们也希望自己奋斗的结果是一个对自己，也包括对别人的一个至少差强人意的交代。"学不可以已"，我愿意在自己因缘际会的学术领域坚守奋斗，为了奋斗本身，也为了给自己和关爱自己的亲人师友一个堪为交代的交代。

席留生

2021 年 1 月 20 日星期三凌晨

于温州大学教师公寓